KB116232

기초학력 향상을 위한
눈으로 보는 수학

학생용 LEVEL **3**

김선아 저

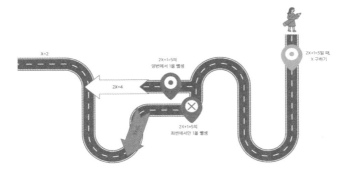

학지사

　최근 보고된 국제 학업 성취 검사(Programme for International Student Achievement: PISA) 결과에 따르면, 우리나라 중학교 3학년의 수학 성취 수준은 OECD 국가들 중 단연 으뜸 그룹에 속합니다. 우리나라 수학교육의 교수 방법과 수학 교육 자료에 국제적인 관심이 지속적으로 증가하는 것은 당연한 일이라 생각됩니다.

　국외에 거주하는 저자는 '한국인이기 때문에 수학을 잘할 것'이라는 주변 사람들의 '편견' 때문에 간혹 당황하는 일이 있습니다. 전체 학생의 평균 성취 수준이 높다는 것은 모든 학생이 수학을 잘한다는 것을 의미할까요? 국제 학업 성취 검사 결과에 따르면, 우리나라는 OECD 국가 중 상위권에 속하는 학생들과 하위권에 속하는 학생들 간의 수학 성취 수준 차이가 가장 심한 나라 중 하나입니다. 이것은 상위권에 있는 학생들은 국제 사회의 또래들에 비해 수학을 월등히 잘하는 반면, 하위권 학생들은 다른 나라의 하위권 학생만큼 수학 공부에 어려움을 겪는다는 것으로 해석될 수 있습니다. 결국 하위권 학생들의 수학 학습 증진을 위해서는 일반 수학 교수 외에 별도의 중재가 필요하다는 것을 의미하기도 합니다. 실제로, 수학 수업 시간에 교사가 학생들의 평균 성취 수준에 맞춰 교수를 할 경우, 하위권 학생들의 수준과 교수 수준 간 차이가 크므로 일반 수학 교육 현장에서 하위권 학생들의 수학 학습이 이루어지기는 쉽지 않을 것 같습니다.

　한편, 우리나라의 교육 시장에는 상위권인 학생들과 상위권을 목표로 하는 학생들을 위한 '수준 높은' 수학 교수 지침서 및 학습 교재가 정말 많습니다. 반면에 수학 성취 수준이 낮은 학생들의 학습을 도와줄 수 있는 교수 지침서나 학습 교재는 그다지 많지 않은 것 같습니다. 특별히 온라인 비대면 수업이 수업의 한 형태로 자리 잡고 있는 요즘, 수학 학습에 어려움이 있는 학생들을 위해 수학에 전문적인 지식이 없는 사람도 가르칠 수 있는 교수 지침서나 학습 자료가 절실히 필요합니다.

『눈으로 보는 수학』은 일반 수학 교육만으로는 수학 학습이 어려운 학생들을 위해 수학 중재 연구자가 개발한 차별화된 맞춤형 수학 교수 지침서 및 학생용 학습지입니다. 저자가 겪은 현장에서의 경험과 국내외 연구들을 통해 수학 능력 향상에 효과적임이 입증된 증거 기반 교수 방법(evidence-based instructional methods)을 사용하여, 수학 교사나 전문가뿐 아니라 수학에 전문적인 지식이 없는 사람도 쉽게 교수할 수 있도록 핵심 수학 기술과 문제 해결 과정을 단계별로 명확하게 설명하려 했습니다.

이 책에서 집중적으로 다루고 있는 수와 연산, 문자와 식 영역은 중·고등학교에서 배우는 수학 기술의 기본 토대라 할 수 있습니다. 초등 6학년부터 중학생 또는 고등학생까지, 중·고등 수학 기술의 이해와 학습을 위해 수와 연산, 문자와 식의 기초를 강화할 필요가 있는 학생이라면 누구나 『눈으로 보는 수학』으로 중재 지원할 수 있습니다.

『눈으로 보는 수학』은 대면 수업이나 온라인 비대면 수업 시 가정에서 학교 수업을 보충하고자 할 때, 통합 학급에서 보충 또는 기초 능력 강화 교수를 할 때, 학교 밖의 학습 종합 클리닉 센터와 개별 인지 학습 치료 센터에서 수학 중재를 할 때 사용하실 수 있습니다. 수학 학습 부진 때문에 자신감을 잃은 학생들에게 『눈으로 보는 수학』이 자신감 회복으로의 징검다리 역할을 할 수 있길 소망합니다.

책의 필요성과 내용에 대한 아이디어를 주고, 수정을 위한 예비 연구에 참여해 준 가르침의 현장에서 만난 아이들에게 감사를 표합니다. 수학 개념과 절차를 점검해 주시고 조언해 주신 김성철 님과, 원고의 정확성을 점검해 준 김하은 님, 정지민 님께 특별한 감사를 드립니다. 끝으로, 이 책을 출판할 수 있도록 도와주신 학지사 김진환 사장님, 볼품없던 초고부터 인내와 수고로 섬겨 주신 편집부 김준범 부장님과 편집부 여러분께 진심으로 감사드립니다.

『눈으로 보는 수학』에서 다루는 주요 수학 기술

중재 수준	차시	주요 수학 기술
Level 1.1	1단계 1차시	소수를 분수로 나타내기
	1단계 2차시	분수를 소수로 나타내기
	1단계 3차시	자연수와 분수의 나눗셈−수막대 모델
	1단계 4차시	진분수와 진분수의 나눗셈−수막대 모델
	1단계 5차시	자연수와 분수의 나눗셈−역수 이용
	1단계 6차시	분수와 분수의 나눗셈−역수 이용
	1단계 7차시	소수점의 위치가 같은 소수의 나눗셈−분수 이용
	1단계 8차시	소수점의 위치가 다른 소수의 나눗셈−분수 이용
	1단계 9차시	소수의 나눗셈−세로셈 방법
Level 1.2	1단계 10차시	비의 뜻
	1단계 11차시	비율의 뜻
	1단계 12차시	백분율 구하기
	1단계 13차시	분수와 소수를 백분율로 나타내기
	1단계 14차시	전체−부분 관계를 이용하여 기준량과 비교하는 양 구하기
	1단계 15차시	등식의 의미와 방정식 만들기
	1단계 16차시	등식의 성질을 이용하여 방정식 풀기
Level 2.1	2단계 1차시	거듭제곱의 뜻
	2단계 2차시	소인수분해의 뜻을 이해하고 구하기
	2단계 3차시	소인수분해 이용하여 최대공약수 구하기
	2단계 4차시	소인수분해 이용하여 최소공배수 구하기
Level 2.2	2단계 5차시	양의 정수와 음의 정수
	2단계 6차시	유리수의 뜻과 유리수의 대소 비교

	2단계 7차시	정수와 유리수의 덧셈
	2단계 8차시	덧셈의 교환법칙과 결합법칙
	2단계 9차시	정수와 유리수의 뺄셈
	2단계 10차시	유리수의 덧셈과 뺄셈의 혼합계산
Level 2.3	2단계 11차시	정수와 유리수의 곱셈
	2단계 12차시	정수와 유리수의 나눗셈
	2단계 13차시	곱셈의 교환법칙과 결합법칙을 이용한 곱셈 계산
	2단계 14차시	덧셈에 대한 곱셈의 분배법칙
	2단계 15차시	유리수의 혼합계산
Level 2.4	2단계 16차시	문자를 사용한 식
	2단계 17차시	문자를 사용한 곱셈식 간단히 나타내기
	2단계 18차시	문자를 사용한 나눗셈식 간단히 나타내기
	2단계 19차시	식의 값
	2단계 20차시	일차식과 수의 곱셈
	2단계 21차시	일차식과 수의 나눗셈
	2단계 22차시	계수가 정수인 일차식의 덧셈과 뺄셈
	2단계 23차시	계수가 유리수인 일차식의 덧셈과 뺄셈
	2단계 24차시	일차방정식과 그 해
	2단계 25차시	등식의 성질을 이용하여 일차방정식의 해 구하기
	2단계 26차시	이항을 이용하여 일차방정식의 해 구하기
Level 3.1	3단계 1차시	유한소수로 나타낼 수 있는 분수 찾기
	3단계 2차시	순환소수의 순환마디 나타내기
	3단계 3차시	순환소수를 분수로 나타내기

	3단계 4차시	지수법칙을 이용한 단항식의 곱셈
	3단계 5차시	지수법칙을 이용한 단항식의 나눗셈
	3단계 6차시	단항식의 곱셈
	3단계 7차시	단항식의 나눗셈
	3단계 8차시	단항식의 혼합셈
Level 3.2	3단계 9차시	문자가 2개인 일차식의 덧셈과 뺄셈
	3단계 10차시	이차식의 덧셈과 뺄셈
	3단계 11차시	단항식과 다항식의 곱셈을 포함하는 식의 덧셈과 뺄셈
	3단계 12차시	다항식과 단항식의 나눗셈을 포함하는 식의 덧셈과 뺄셈
	3단계 13차시	다항식과 다항식의 곱셈
	3단계 14차시	다항식의 거듭제곱-곱셈 공식 1
	3단계 15차시	둘째 항의 부호만 반대인 두 다항식의 곱-곱셈 공식 2
	3단계 16차시	두 다항식의 곱셈-곱셈 공식 3
	3단계 17차시	두 다항식의 곱셈-곱셈 공식 4
Level 3.3	3단계 18차시	주어진 식의 문자에 다른 식 대입하기
	3단계 19차시	등식의 변형-등식을 한 문자에 대해 풀기
	3단계 20차시	미지수가 2개인 일차방정식의 해 구하기
	3단계 21차시	연립방정식의 해 구하기 1-대입법
	3단계 22차시	연립방정식의 해 구하기 2-가감법
	3단계 23차시	주어진 수 대입하여 부등식의 해 구하기
	3단계 24차시	일차부등식의 풀이
	3단계 25차시	연립일차부등식의 풀이

『눈으로 보는 수학』 사용 방법

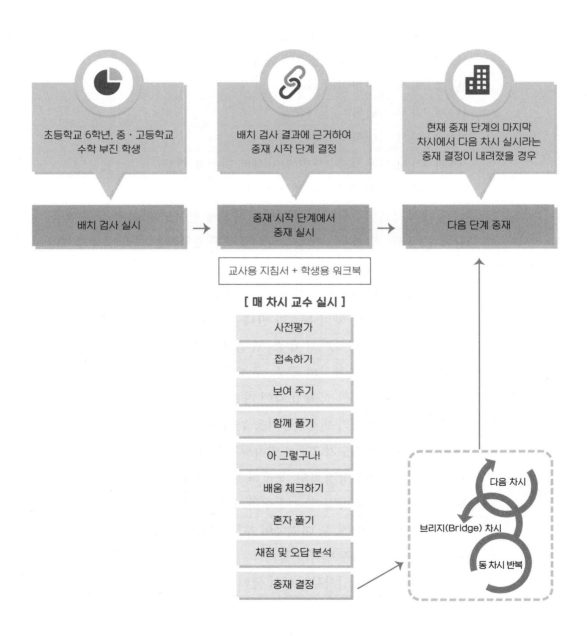

초등학교 6학년, 중·고등학교 수학 부진 학생

배치 검사 실시

→

배치 검사 결과에 근거하여 중재 시작 단계 결정

중재 시작 단계에서 중재 실시

교사용 지침서 + 학생용 워크북

→

현재 중재 단계의 마지막 차시에서 다음 차시 실시라는 중재 결정이 내려졌을 경우

다음 단계 중재

[매 차시 교수 실시]

사전평가

접속하기

보여 주기

함께 풀기

아 그렇구나!

배움 체크하기

혼자 풀기

채점 및 오답 분석

중재 결정

다음 차시

브리지(Bridge) 차시

동 차시 반복

차례

Level **3**

유한소수로 나타낼 수 있는 분수 찾기

사전평가(1~7)

✎ 다음 분수를 기약분수로 나타내시오.

1. $\dfrac{10}{14}$

2. $\dfrac{45}{2^2 \times 5}$

◆ 유한소수와 무한소수로 구분하시오.

3. $\dfrac{4}{5}$

4. $-\dfrac{3}{15}$

5. $\dfrac{5}{52}$

6. $\dfrac{15}{81}$

7. $\dfrac{18}{2 \times 3 \times 5^3}$

보여 주는 문제(1~3) ⋯⋯⋯⋯⋯⋯⋯⋯⋯⋯⋯⋯⋯⋯

✎ 다음 분수가 유한소수인지 무한소수인지 결정하시오.

❶ $\dfrac{12}{75}$

    1. 1단계: 주어진 분수를 기약분수(더 이상 약분할 수 없는 분수)로 나타내기

$$\rightarrow \frac{12}{75} = \frac{12 \div 3}{75 \div 3} = \frac{4}{25}$$

    2. 2단계: 기약분수의 분모를 소인수의 곱으로 나타내기

$$\rightarrow 25 = 5 \times 5$$

    3. 3단계: 분모가 1이거나 분모의 소인수에 2나 5만 포함되어 있는지 확인

하여 유한소수인지 결정하기

      ● 5×5에는 5만 포함되어 있으므로 $\dfrac{4}{25} = \dfrac{12}{75}$ 는 유한소수이다.

❷ $\dfrac{16}{24}$

    1. 1단계: 주어진 분수를 기약분수로 나타내기

$$\rightarrow \frac{16}{24} = \frac{16 \div 8}{24 \div 8} = \frac{2}{3}$$

2. 2단계: 기약분수의 분모를 소인수의 곱으로 나타내기

- 분모 3을 소인수로 나타내면 3이다(주의: 1은 소인수가 아니므로 3×1이라 하지 않는다).

3. 3단계: 분모가 1이거나 분모의 소인수에 2나 5만 포함되어 있는지 확인하여 유한소수인지 결정하기

- 분모 3의 소인수가 2나 5가 아닌 3이므로 $\dfrac{2}{3} = \dfrac{16}{24}$은 유한소수가 아니고 무한소수이다.

❸ $\dfrac{27}{3 \times 5^3}$

1. 1단계: 주어진 분수를 기약분수로 나타내기

$$\rightarrow \frac{27}{3 \times 5^3} = \frac{27 \div 3}{3 \times 5^3 \div 3} = \frac{9}{5^3}$$

2. 2단계: 기약분수의 분모를 소인수의 곱으로 나타내기

$$\rightarrow 5^3 = 5 \times 5 \times 5$$

3. 3단계: 분모가 1이거나 분모의 소인수에 2나 5만 포함되어 있는지 확인하여 유한소수인지 결정하기

- 기약분수의 분모의 소인수가 5뿐이므로 $\dfrac{27}{3 \times 5^3}$은 유한소수이다.

◆ 다음 분수가 유한소수인지 무한소수인지 결정하시오(선생님과 문제를 푸는 동안 문제 풀이를 아래에 적어 보세요).

1 $\dfrac{21}{15}$

1. 1단계: 주어진 분수를 기약분수로 나타내기

2. 2단계: 기약분수의 분모를 확인하기

3. 3단계: 분모가 1이거나 분모의 소인수가 2나 5인지 확인하여 유한소수인지 결정하기

| 결정 |

2 $\frac{7}{20}$

1. 1단계: 주어진 분수를 기약분수로 나타내기

2. 2단계: 기약분수의 분모를 소인수의 곱으로 나타내기

3. 3단계: 분모가 1이거나 분모의 소인수가 2나 5인지 확인하여 유한소수인 지 결정하기

   보기결정

❸ $\dfrac{2^2}{2^2 \times 3 \times 5^3}$

1. 1단계: 주어진 분수를 기약분수로 나타내기

2. 2단계: 기약분수의 분모를 확인하기

3. 3단계: 분모가 1이거나 분모의 소인수가 2나 5인지 확인하여 유한소수인

지 결정하기

결정

① $\dfrac{77}{11}$이 유한소수로 나타낼 수 있는 분수인지 결정할 때 혼동되는 점은 무엇입니까?

먼저, $\dfrac{77}{11}$을 기약분수로 나타내기 위하여 분자 77과 분모 11을 둘 다 나누어 떨어지게 하는 공통인수를 찾기가 어렵습니다. 분자와 분모가 11로 나누어 떨어진다는 것을 알게 된 이후에도 기약분수를 구하면 $\dfrac{77 \div 11}{11 \div 11}$ $= \dfrac{7}{1}$이 되므로, 분모에 2나 5가 포함되지 않았으므로 유한소수로 나타낼 수 없다고 결정합니다. 하지만 $\dfrac{7}{1}$처럼 분모가 1인 경우는 정수이고, 모든 정수는 유한소수입니다.

② $-\dfrac{7}{2^3}$이 유한소수인지 결정할 때 혼동되는 점은 무엇입니까?

양의 부호를 가진 분수만 유한소수라 생각하는 경우에는 $-\dfrac{7}{2^3}$을 유한소수가 아니라고 결정합니다. 음의 부호를 가진 분수도 양의 부호를 가진 분수와 같은 방법으로 유한소수로 나타낼 수 있는지 여부를 결정할 수 있습니다. $-\dfrac{7}{2^3}$은 더 이상 약분되지 않는 기약분수이고 분모 2^3의 소인수는 2뿐이므로 $-\dfrac{7}{2^3}$은 유한소수로 나타낼 수 있는 분수입니다.

❸ 주어진 분수 $\dfrac{2^3 \times 3^2}{2^2 \times 3 \times 5^3}$ 을 유한소수로 나타낼 수 있는지 결정할 때 혼동되는 점은 무엇입니까?

 거듭제곱꼴로 분자와 분모가 소인수분해되어 있는 경우입니다. 이 경우에는 분모와 분자를 공통적으로 나눌 수 있는 소인수가 2개 이상이고, 소인수의 지수도 다릅니다. 지수의 나눗셈에 익숙하지 않은 경우에는 먼저 거듭제곱을 같은 수들의 곱셈식으로 나타낸 후 약분을 하는 것이 도움이 됩니다.

$$\rightarrow \frac{2^3 \times 3^2}{2^2 \times 3 \times 5^3} = \frac{2 \times 2 \times 2 \times 3 \times 3}{2 \times 2 \times 3 \times 5 \times 5 \times 5}$$

주어진 분수를 기약분수로 나타내려면 분모와 분자에 공통으로 들어 있는 소인수들을 하나씩 약분해 줍니다.

$$\rightarrow \frac{(2 \times 2 \times 2 \times 3 \times 3)}{(2 \times 2 \times 3 \times 5 \times 5 \times 5)}$$

$$= \frac{\cancel{2} \times \cancel{2} \times 2 \times \cancel{3} \times 3}{\cancel{2} \times \cancel{2} \times \cancel{3} \times 5 \times 5 \times 5} = \frac{(2 \times 3)}{(5 \times 5 \times 5)}$$

기약분수 $\dfrac{(2 \times 3)}{(5 \times 5 \times 5)}$ 의 분모의 소인수는 5뿐이므로 $\dfrac{2^3 \times 3^2}{2^2 \times 3 \times 5^3}$ 은 유한소수로 나타낼 수 있는 분수입니다.

오늘 우리가 함께 공부한 것을 혼자서도 할 수 있는지 체크해 봅시다. 혼자서도 할 수 있으면 👍, 선생님의 도움이 더 필요하다면 ❓에 동그라미로 표시하세요.

배움 체크 리스트	👍	❓
1. 정수를 소인수분해할 수 있습니다.		
2. 거듭제곱으로 나타난 수를 이해합니다.		
3. 분자와 분모가 정수인 분수를 기약분수로 나타내는 방법을 이해하고 적용할 수 있습니다.		
4. 분수가 유한소수인지 확인하려면 먼저 분수를 기약분수로 바꿔야 한다는 것을 이해하고 적용할 수 있습니다.		
5. 분자와 분모가 거듭제곱들의 곱셈으로 소인수분해된 분수를 기약분수로 나타내는 방법을 이해하고 적용할 수 있습니다.		
6. 기약분수의 분모의 소인수가 2나 5뿐이면 주어진 분수는 유한소수라는 것을 이해하고 적용할 수 있습니다.		
7. 기약분수의 분모가 1일 경우, 주어진 분수는 유한소수라는 것을 이해합니다.		

혼자 풀어 보는 문제(1~7)

오늘 배운 것을 기억하면서 문제를 혼자 풀어 보는 시간입니다. 내비게이션 3.1 을 사용하면 도움이 됩니다.

✎ 다음 분수를 기약분수로 나타내시오.

1. $\dfrac{5}{8}$

2. $\dfrac{57}{95}$

✎ 다음 유리수를 유한소수로 나타낼 수 있는지 결정하시오.

3. $-\dfrac{7}{35}$

4. $\dfrac{121}{11}$

5. $\dfrac{3^2}{2 \times 3^2 \times 5}$

6. $\dfrac{2^2 \times 3}{2 \times 3^2}$

7. $\dfrac{54}{2^2 \times 3^2}$

2차시

순환소수의 순환마디 나타내기

사전평가(1~7) ···

✐ 다음 분수를 소수로 나타내시오.

1. $\dfrac{7}{9}$

2. $\dfrac{18}{42}$

♦ 다음 순환소수의 순환마디를 구하고, 점을 찍어 간단히 나타내시오.

3. 0.333···

4. 3.232323···

5. 0.0666666666···

6. 0.335555···

7. 5.654654···

◆ 다음 순환소수의 순환마디를 말하고, 점을 찍어 간단히 나타내시오.

1 0.424242…

  1. 1단계: 소수 부분에서 가장 짧은 순환마디 결정하기

  → 42

  2. 2단계: 순환마디의 첫 숫자와 마지막 숫자에 점을 찍어 순환마디 나타내기

  ● 순환마디 42의 첫 숫자는 4, 마지막 숫자는 2이므로 4와 2 위에 점을 찍어 나타낸다.

  → $\dot{4}\dot{2}$

  3. 3단계: 순환하지 않는 부분은 그대로 써 주고, 순환하는 부분에서는 순환마디를 점을 찍어 나타내기

  → $0.\dot{4}\dot{2}$

❷ 2.0353535···

1. 1단계: 소수 부분에서 가장 짧은 순환마디 결정하기

    → 35

2. 2단계: 순환마디의 첫 숫자와 마지막 숫자에 점을 찍어 순환마디 나타내기
    - 순환마디 35의 첫 숫자는 3, 마지막 숫자는 5이므로 3과 5 위에 점을 찍어 나타낸다.

    → $3\dot{5}$

3. 3단계: 순환하지 않는 부분은 그대로 써 주고, 순환하는 부분에서는 순환마디를 점을 찍어 나타내기

    → $2.0\dot{3}\dot{5}$

❸ 0.04444444···

1. 1단계: 소수 부분에서 가장 짧은 순환마디 결정하기

    → 4

2. 2단계: 순환마디의 첫 숫자와 마지막 숫자에 점을 찍어 순환마디 나타
내기

→ $\dot{4}$

3. 3단계: 순환하지 않는 부분은 그대로 써 주고, 순환하는 부분에서는 순환
마디를 점을 찍어 나타내기

→ $0.0\dot{4}$

◆ 다음 순환소수의 순환마디를 말하고, 점을 찍어 간단히 나타내시오(선생님과 문제를 푸는 동안 문제 풀이를 아래에 적어 보세요).

1 6.252525…

1. 1단계: 소수 부분에서 가장 짧은 순환마디 결정하기

2. 2단계: 순환마디의 첫 숫자와 마지막 숫자에 점을 찍어 순환마디 나타내기

3. 3단계: 순환하지 않는 부분은 그대로 써 주고, 순환하는 부분에서는 순환마디를 점을 찍어 나타내기

정답

② 1.023023023···

1. 1단계: 소수 부분에서 가장 짧은 순환마디 결정하기

2. 2단계: 순환마디의 첫 숫자와 마지막 숫자에 점을 찍어 순환마디 나타내기

3. 3단계: 순환하지 않는 부분은 그대로 써 주고, 순환하는 부분에서는 순환마디를 점을 찍어 나타내기

정답

❸ 0.036036036⋯

1. 1단계: 소수 부분에서 가장 짧은 순환마디 결정하기

2. 2단계: 순환마디의 첫 숫자와 마지막 숫자에 점을 찍어 순환마디 나타
   내기

3. 3단계: 순환하지 않는 부분은 그대로 써 주고, 순환하는 부분에서는 순환
   마디를 점을 찍어 나타내기

   정답

아 그렇구나! (1~3) ....

① 0.234666666…을 순환마디를 이용하여 나타낼 때 혼동되는 점은 무엇입니까?

 이 문제는 순환마디가 소수점 다음에 바로 시작되지 않고 순환하는 수 6666… 앞에 순환하지 않는 소수 부분이 길어서 혼동할 수 있습니다. 순환마디가 6이므로 6 위에 점을 찍어 순환하지 않는 부분인 0.234 뒤에 써서 0.234$\dot{6}$으로 나타냅니다.

② 123.123123…을 순환마디를 이용하여 나타낼 때 혼동되는 점은 무엇입니까?

 이 문제는 정수 부분에 순환마디인 123이 포함되어 있으므로 순환마디를 정수 부분에 표시하여 $\dot{1}2\dot{3}$이라고 혼동할 수 있습니다. 순환마디는 소수점 이하에서 찾아야 합니다. 123.$\dot{1}2\dot{3}$이라고 표시하는 게 맞습니다.

③ 3.23232…를 순환마디를 이용하여 나타낼 때 혼동되는 점은 무엇입니까?

 이 문제는 순환마디를 32라고 혼동하여 $\dot{3}.\dot{2}$라고 답할 수 있습니다. 순환마디는 소수 부분에서 찾아야 하므로 23이 순환마디가 되고 3.$\dot{2}\dot{3}$이라고 답해야 합니다.

오늘 우리가 함께 공부한 것을 혼자서도 할 수 있는지 체크해 봅시다. 혼자서도 할 수 있으면 👍, 선생님의 도움이 더 필요하다면 ❓에 동그라미로 표시하세요.

배움 체크 리스트	👍	❓
1. 소수의 정수 부분과 소수 부분을 구분할 수 있습니다.		
2. 분수를 소수로 바꾸어 나타낼 수 있습니다.		
3. 순환마디는 소수 부분에서 반복되는 숫자의 배열이라는 것을 이해하고 적용할 수 있습니다.		
4. 순환마디는 정수 부분이 아니라 소수 부분에서 찾는다는 것을 이해하고 적용할 수 있습니다.		
5. 순환마디를 표시할 때는 처음과 마지막 숫자 위에 점을 찍어 나타낸다는 것을 이해하고 적용할 수 있습니다.		
6. 순환소수를 순환마디를 이용해서 표시할 때는 순환하지 않는 부분은 그대로 써 주고, 순환하는 부분은 점을 찍어 간단히 나타낸 순환마디를 써서 나타낸다는 것을 이해하고 적용할 수 있습니다.		
7. 순환마디를 찾을 때는 소수 부분에서 가장 처음 나타나는 가장 짧은 수의 배열을 찾는다는 것을 이해하고 적용할 수 있습니다(예: 2.343434…에서 순환마디는 43이나 3434가 아니라 34이다).		

Level 3
2차시

오늘 배운 것을 기억하면서 문제를 혼자 풀어 보는 시간입니다. 내비게이션 3.2 를 사용하면 도움이 됩니다.

◈ 다음 분수를 소수로 나타내시오.

1. $\dfrac{7}{15}$

2. $\dfrac{26}{18}$

◆ 다음 순환소수의 순환마디를 구하고, 점을 찍어 간단히 나타내시오.

3. 0.727272…

4. 4.040404…

5. 0.2755555…

6. 2.0272727…

7. 3.543543…

순환소수를 분수로 나타내기

사전평가(1~7)

◆ 다음 순환소수를 순환마디 표시 없이 나타내시오.

1. $0.\dot{4}$

2. $0.0\dot{6}\dot{8}$

◆ 다음 순환소수를 분수로 나타내시오.

3. $0.\dot{2}\dot{5}$

4. $2.\dot{4}$

5. $3.\dot{6}\dot{5}$

6. $0.2\dot{8}$

7. $0.3\dot{2}\dot{5}$

◆ 다음 순환소수를 분수로 나타내시오.

① $0.\dot{4}\dot{2}$

1. 1단계: 순환소수를 x라 놓기

   → $x = 0.\dot{4}\dot{2} = 0.424242\cdots$

2. 2단계: (소수점 아래에 순환하지 않는 숫자가 있을 경우) 순환하지 않는 숫자의 개수만큼 10을 제곱하여 양변에 곱하기
   - $0.\dot{4}\dot{2}$에는 소수점 아래에 순환하지 않는 숫자가 없다.

3. 3단계: 소수점 아래에 있는 숫자 개수만큼 10을 제곱한 수를 양변에 곱하기
   - $0.\dot{4}\dot{2}$에서 소수점 아래 숫자의 개수는 2이므로 10을 제곱하여($10^2 = 100$) 양변에 곱해 준다.
   - → $100x = 42.424242\cdots$

4. 4단계: 1, 2, 3단계에서 구해진 식들 중 소수 부분이 같은 두 식을 뺄셈하여 x 구하기
   - $100x = 42.424242\cdots$와 $x = 0.424242\cdots$가 소수 부분이 같으므로 두 식을 뺄셈하여 x를 구한다.

$$\rightarrow \quad 100x = 42.\underline{424242}\cdots$$

$$- \quad\quad x = 0.\underline{424242}\cdots$$

$$99x = 42$$

$$\therefore x = \frac{42}{99} = \frac{14}{33}$$

- 즉, $0.\dot{4}\dot{2} = \dfrac{14}{33}$

❷ $0.23\dot{5}$

1. 1단계: 순환소수를 x라 놓기

$\rightarrow x = 0.23\dot{5} = 0.2355555\cdots$

2. 2단계: (소수점 아래에 순환하지 않는 숫자가 있을 경우) 순환하지 않는 숫자의 개수만큼 10을 제곱하여 양변에 곱하기

- $0.23\dot{5}$에는 소수점 아래 순환하지 않는 숫자는 2와 3, 두 개이다. 10^2을 $x = 0.2355555\cdots$의 양변에 곱해 준다.

$\rightarrow 100x = 23.55555\cdots$

3. 3단계: 소수점 아래에 있는 숫자 개수만큼 10을 제곱한 수를 양변에 곱하기

- $0.23\dot{5}$에서 소수점 아래 숫자의 개수는 3개이므로 10을 세제곱하여(10^3

= 1000) 양변에 곱해 준다.

$\rightarrow 1000x = 235.55555\cdots$

4. 4단계: 1, 2, 3단계에서 구해진 식들 중 소수 부분이 같은 두 식을 뺄셈하여 x 구하기

$\rightarrow 1000x = 235.\underline{55555}\cdots$

$ -\ 100x = 23.\underline{55555}\cdots$

$\ \ 900x = 212$

$\therefore x = \dfrac{212}{900} = \dfrac{53}{225}$

- 즉, $0.23\dot{5} = \dfrac{53}{225}$

❸ $2.0\dot{9}$

1. 1단계: 순환소수를 x라 놓기

$\rightarrow x = 2.0\dot{9} = 2.099999\cdots$

2. 2단계: (소수점 아래에 순환하지 않는 숫자가 있을 경우) 순환하지 않는 숫자의 개수만큼 10을 제곱하여 양변에 곱하기

- $2.0\dot{9}$에는 소수점 아래 0이 순환하지 않는 소수이므로 10을 1제곱한 수, 즉 10을 $x = 2.099999\cdots$의 양변에 곱해 준다.

$\rightarrow 10x = 20.99999\cdots$

3. 3단계: 소수점 아래에 있는 숫자 개수만큼 10을 제곱한 수를 양변에 곱하기

- $2.0\dot{9}$에서 소수점 아래 숫자의 개수는 2개이므로 10을 제곱하여($10^2 = 100$) 양변에 곱해 준다.

$\rightarrow 100x = 209.99999\cdots$

4. 4단계: 1, 2, 3단계에서 구해진 식들 중 소수 부분이 같은 두 식을 뺄셈하여 x 구하기

$$\begin{array}{r} 100x = 209.99999\cdots \\ -\ 10x = 20.99999\cdots \\ \hline 90x = 189 \end{array}$$

$$\therefore x = \frac{189}{90} = \frac{21}{10}$$

즉, $2.0\dot{9} = \dfrac{21}{10}$

다음 순환소수를 분수로 나타내시오(선생님과 문제를 푸는 동안 문제 풀이를 아래에 적어 보세요).

1 $0.\dot{7}$

1. 1단계: 순환소수를 x라 놓기

$x =$

2. 2단계: (소수점 아래에 순환하지 않는 숫자가 있을 경우) 순환하지 않는 숫자의 개수만큼 10을 제곱하여 양변에 곱하기

3. 3단계: 소수점 아래에 있는 숫자 개수만큼 10을 제곱한 수를 양변에 곱하기

4. 4단계: 1, 2, 3단계에서 구해진 식들 중 소수 부분이 같은 두 식을 뺄셈하여 x 구하기

정답

❷ $0.10\dot{2}\dot{4}$

1. 1단계: 순환소수를 x라 놓기

$x =$

2. 2단계: (소수점 아래에 순환하지 않는 숫자가 있을 경우) 순환하지 않는 숫자의 개수만큼 10을 제곱하여 양변에 곱하기

3. 3단계: 소수점 아래에 있는 숫자 개수만큼 10을 제곱한 수를 양변에 곱하기

4. 4단계: 1, 2, 3단계에서 구해진 식들 중 소수 부분이 같은 두 식을 뺄셈하여 x 구하기

정답

③ $2.4\dot{2}\dot{5}$

1. 1단계: 순환소수를 x라 놓기

   $x =$

2. 2단계: (소수점 아래에 순환하지 않는 숫자가 있을 경우) 순환하지 않는 숫자의 개수만큼 10을 제곱하여 양변에 곱하기

3. 3단계: 소수점 아래에 있는 숫자 개수만큼 10을 제곱한 수를 양변에 곱하기

4. 4단계: 1, 2, 3단계에서 구해진 식들 중 소수 부분이 같은 두 식을 뺄셈하여 x 구하기

   정답

① $0.0000\dot{6}$을 분수로 나타낼 때 혼동되는 점은 무엇입니까?

이 문제는 순환마디가 나오기 전, 소수점 아래 소수 부분에 0이라는 동일한 숫자가 반복되어 나타나므로 소수점 아래 순환하지 않는 숫자가 한 개라고 혼동할 수 있습니다. 하지만 순환하지 않는 숫자는 소수점 아래 첫째 자리(0), 둘째 자리(0), 셋째 자리(0), 넷째 자리(0)에 걸쳐 네 개가 있습니다.

$$100{,}000x = 6.6666 \cdots$$
$$- \ 10{,}000x = 0.6666 \cdots$$
$$\overline{\phantom{-\ 10{,}000x}}$$
$$90{,}000x = 6$$
$$\therefore x = \frac{6}{90{,}000} = \frac{1}{15{,}000}$$

정답은 $\dfrac{1}{15{,}000}$ 입니다.

② $11.\dot{1}\dot{0}$을 분수로 나타낼 때 혼동되는 점은 무엇입니까?

11.10이 11.1과 같다고 생각하여, 순환소수인 $11.\dot{1}\dot{0}$을 $11.\dot{1}$이라 생각하고 문제를 푸는 경우에 오류를 범하게 됩니다. $11.\dot{1}\dot{0}$은 $11.10101010\cdots$이고, $11.\dot{1}$은 $11.1111111\cdots$이므로 동일한 수가 아닙니다.

배움 체크하기

오늘 우리가 함께 공부한 것을 혼자서도 할 수 있는지 체크해 봅시다. 혼자서도 할 수 있으면 👍, 선생님의 도움이 더 필요하다면 ❓에 동그라미로 표시하세요.

Level 3
3차시

배움 체크 리스트	👍	❓
1. 소수와 10의 거듭제곱수의 곱셈을 이해하고 계산할 수 있습니다.		
2. 순환마디를 점으로 표시한 순환소수를 순환마디 표시 없는 순환소수로 바꿀 수 있습니다.		
3. 유리수와 일차항의 곱셈과 일차항끼리의 뺄셈을 이해하고 계산할 수 있습니다.		
4. 순환소수를 분수로 표시할 때 제일 먼저 순환소수를 x로 둠을 이해하고 적용할 수 있습니다.		
5. 소수 부분이 동일한 두 식을 만들어 두 식을 뺄셈하여 x를 구한다는 것을 이해하고 적용할 수 있습니다.		
6. 소수 부분이 동일한 두 식을 만들기 위해서는 소수점 아래 숫자 중 순환하지 않는 숫자의 개수만큼 10을 거듭제곱한 수를 x식 양변에 곱해 줌을 이해하고 적용할 수 있습니다.		
7. 소수 부분이 동일한 두 식을 만들기 위해서는 소수점 아래 있는 모든 숫자의 개수만큼 10을 거듭제곱한 수를 x식 양변에 곱해 줌을 이해하고 적용할 수 있습니다.		

오늘 배운 것을 기억하면서 문제를 혼자 풀어 보는 시간입니다. 내비게이션 3.3A 를 사용하면 도
움이 됩니다.

✏ 다음 순환소수를 순환마디 표시가 없는 순환소수로 나타내시오.

1. $0.\dot{7}$

2. $0.\dot{2}\dot{8}$

✏ 다음 순환소수를 분수로 나타내시오.

3. $3.\dot{5}$

4. $2.\dot{7}\dot{5}$

5. $0.3\dot{6}\dot{5}$

6. $0.52\dot{8}$

7. $1.2\dot{2}\dot{5}$

지수법칙을 이용한 단항식의 곱셈

사전평가(1~7)

◆ 다음 식을 거듭제곱을 사용하여 나타내시오.

1. $2 \times 2 \times 2 \times 2$

2. $3 \times 3 \times 5 \times 5 \times 5$

◆ 다음 식을 지수법칙을 사용하여 간단히 나타내시오.

3. $3^2 \times 3^4 \times 3^5 =$

4. $x^4 \times x^5 \times x^2 =$

5. $a^3 \times b^2 \times a^2 \times b =$

6. $(a^4 b^3)^3 =$

7. $(x^2)^3 \times (y^2)^2 \times (x^3)^5 =$

✏️ 다음 식을 간단히 하시오.

① $5^4 \times 5^2 \times 5^3$

Level 3
4차시

1. 1단계: 밑이 같은 거듭제곱의 곱셈 문제인지 확인하여 사용할 지수법칙 결정하기

    ● 5^4, 5^2 그리고 5^3의 밑이 모두 5이므로 지수법칙 1을 사용한다.

2. 2단계: 거듭제곱의 지수 확인 후, 지수의 합 구하기

    ● 5^4의 지수는 4, 5^2의 지수는 2, 5^3의 지수는 3이므로 지수의 합은 4 + 2 + 3 = 9

3. 3단계: 밑 써 주고, 지수의 합을 지수 자리에 써 주기

    ● 밑은 5이고 지수는 9이므로 5^9

② $x^4 \times y^3 \times y^4 \times x^2$

1. 1단계: 밑이 여러 개인 거듭제곱 곱셈 문제인지 확인하고 지수법칙 결정하기

- x^4, x^2은 밑이 x이고, y^3와 y^4은 밑이 y이므로 밑이 여러 개인 거듭제곱의 곱셈식이므로 지수법칙 응용을 적용해야 한다.

2. 2단계: 밑이 같은 거듭제곱이 이웃에 위치하도록 곱셈식 정리하기
   - $x^4 \times y^3 \times y^4 \times x^2$에서 y^3와 x^2의 자리를 바꾸어 정리하면,
   $x^4 \times y^3 \times y^4 \times x^2 = x^4 \times x^2 \times y^4 \times y^3$가 된다.

3. 3단계: 지수법칙 1 적용하여 밑이 같은 거듭제곱 곱셈 정리하기
   $\rightarrow x^4 \times x^2 = x^{4+2} = x^6$
   $\rightarrow y^4 \times y^3 = y^{3+4} = y^7$

4. 밑이 같은 거듭제곱의 곱셈 결과를 밑의 크기나 알파벳 순서대로 써 준다. 밑이 다른 거듭제곱의 곱셈이 되었으므로 더 이상 간단히 정리할 수 없다.
   $\rightarrow x^6 \times y^7 = x^6 y^7$

❸ $(x^4)^5$

1. 1단계: 거듭제곱의 거듭제곱 문제인지 확인하고 지수법칙 결정하기
   - x^4의 5 거듭제곱 문제이므로 지수법칙 2를 적용한다.

2. 2단계: 괄호 안 거듭제곱의 밑을 써 주기

● x^4의 밑은 x이다.

3. 3단계: 괄호 안 거듭제곱의 지수와 괄호 밖 지수를 곱한 값을 지수 자리에 쓰기

$$\rightarrow (x^4)^5 = x^{4 \times 5} = x^{20}$$

Level 3
4차시

◆ 다음 식을 간단히 하시오(선생님과 문제를 푸는 동안 문제 풀이를 아래에 적어 보세요).

1 $a^7 \times a^2 \times a^3$

1. 1단계: 밑이 같은 거듭제곱의 곱셈 문제인지 확인하여 사용할 지수법칙 결정하기

2. 2단계: 거듭제곱의 지수 확인 후, 지수의 합 구하기

3. 3단계: 밑 써 주고, 지수의 합을 지수 자리에 써 주기

　정답

❷ $2^4 \times 7^3 \times 2^3 \times 7^2$

1. 1단계: 밑이 여러 개인 거듭제곱 곱셈 문제인지 확인하고 지수법칙 결정하기

Level 3
4차시

2. 2단계: 밑이 같은 거듭제곱이 이웃에 위치하도록 곱셈식 정리하기

3. 3단계: 지수법칙 1을 적용하여 밑이 같은 거듭제곱 곱셈 정리하기

4. 4단계: 밑의 크기나 알파벳 순서대로 써 주고 곱셈 기호를 생략하기

정답

❸ $(x^3y^2)^4$

1. 1단계: 거듭제곱의 거듭제곱 문제인지 확인하고 지수법칙 결정하기

2. 2단계: 괄호 안 거듭제곱의 밑 써 주기

3. 3단계: 괄호 안 거듭제곱의 지수와 괄호 밖 지수를 곱한 값을 지수 자리에 쓰기

    정답

1 $a \times a^2$을 지수법칙을 사용하여 간단히 나타낼 때 혼동되는 점은 무엇입니까?

> 이 문제에는 a가 포함되어 있는데, a의 지수를 0이라 생각하여 $a^{0+2} = a^2$ 이라고 답하는 경우가 있습니다. a는 a^1을 의미합니다. 따라서 $a \times a^2 = a^{1+2} = a^3$입니다.

Level 3
4차시

2 $a^2 + a^2$을 간단히 나타낼 때 혼동되는 점은 무엇입니까?

> 지수법칙은 거듭제곱의 곱셈식을 간단히 정리할 때만 적용할 수 있는데, 이 문제에 포함된 거듭제곱만 보고 덧셈식임에도 불구하고 지수법칙을 적용하여 $a^2 + a^2 = a^4$이라고 생각하는 경우가 있습니다. 이 문제는 덧셈식이므로 $a^2 + a^2 = 2a^2$입니다.

3 $(x^2y)^2 x^3$을 간단히 나타낼 때 혼동되는 점은 무엇입니까?

> 이 곱셈식은 거듭제곱의 거듭제곱을 간단히 정리한 후, 같은 밑을 가진 거듭제곱의 곱셈식을 정리해야 하는 문제입니다. $(x^2y)^2$을 x^4y^2으로 정리한 후 같은 밑을 가진 거듭제곱인 x^4과 x^3의 곱셈식을 정리하지 않고 $x^4y^2x^3$이라 답하는 경우가 있습니다. $(x^2y)^2 x^3 = x^7y^2$입니다.

 오늘 우리가 함께 공부한 것을 혼자서도 할 수 있는지 체크해 봅시다. 혼자서도 할 수 있으면 👍, 선생님의 도움이 더 필요하다면 ❓에 동그라미로 표시하세요.

배움 체크 리스트	👍	❓
1. 거듭제곱의 의미를 이해하고 같은 수나 문자가 반복적으로 곱해진 곱셈식을 거듭제곱을 사용해서 나타낼 수 있습니다.		
2. 밑과 지수의 의미를 이해하고, 거듭제곱으로 나타낸 수에서 밑과 지수를 구할 수 있습니다.		
3. 문자가 있는 일차식과 숫자의 곱셈을 계산할 수 있습니다.		
4. 밑이 같은(하나) 거듭제곱의 곱셈은 밑은 동일하게 쓰고, 지수는 각 거듭제곱의 지수를 더하여 간단하게 정리할 수 있음을 이해하고 적용할 수 있습니다(예: $a^m \times a^n = a^{m+n}$).		
5. 밑이 다른 (여러 개) 거듭제곱의 곱셈은 먼저 밑이 같은 거듭제곱끼리 서로 이웃하도록 곱셈 순서를 바꾸어 밑이 같은 거듭제곱을 정리한다는 것을 이해하고 적용할 수 있습니다.		
6. 밑이 다른 거듭제곱끼리는 더 이상 간단히 정리할 수 없음을 이해하고 적용할 수 있습니다(예: $a^m \times b^n = a^m b^n$).		
7. 거듭제곱의 거듭제곱식은 괄호 안의 밑을 각각 따로 쓰고, 괄호 안 각 밑의 지수와 괄호 밖 지수의 곱으로 각 밑의 지수를 나타낼 수 있음을 이해하고 적용할 수 있습니다[예: $(a^l b^m)^n = a^{l \times n} b^{m \times n}$].		

오늘 배운 것을 기억하면서 문제를 혼자 풀어 보는 시간입니다. 내비게이션 3.4 를 사용하면 도움이 됩니다.

Level 3
4차시

✎ 다음 식을 거듭제곱을 사용하여 간단히 나타내시오.

1. $5 \times 5 \times 7 \times 7 \times 7$

2. $x \times x \times x$

◆ 다음 식을 지수법칙을 사용하여 간단히 나타내시오.

3. $3^3 \times 5^2 \times 3^6$

4. $x^3 \times x^2 \times x^6$

5. $a^4 \times b \times a^5 \times b^4$

6. $(a^5 b^4)^3$

7. $(x^3)^3 \times (xy^2)^5$

지수법칙을 이용한 단항식의 나눗셈

사전평가(1~7) . . . .

✎ 다음 식을 지수법칙을 사용하여 간단히 나타내시오.

1. $2^3 \times 2^5$

2. $(x^2 y^5)^2$

3. $a^4 \div a^2$

4. $x^3 \div x^6$

5. $(x^2)^5 \div x^8$

6. $(\dfrac{2y^3}{a})^3$

7. $(\dfrac{xy^3}{b})^4$

✎ 다음 식을 간단히 하시오.

1 $a^7 \div a^4$

1. 1단계: 밑이 같은 거듭제곱의 나눗셈 문제인지 확인하기
   - a^7과 a^4의 밑이 모두 a이므로 밑이 같은 거듭제곱의 나눗셈이다.

2. 2단계: 지수의 상대적 크기를 비교하여 지수법칙 결정하기
   - 피제수(a^7)의 지수는 7이고 제수(a^4)의 지수는 4이므로 피제수 지수가 제수 지수보다 큰 경우이므로 나눗셈의 지수법칙 1을 적용한다($a^m \div a^n = a^{m-n}$).

3. 3단계: 몫이 될 거듭제곱 결정하기 ← 동일한 밑, 지수의 차이가 지수가 됨
   - 피제수(a^7) 지수는 7이고 제수(a^4)의 지수는 4이므로 지수 차이는 3이다. 동일한 밑을 써 주고, 지수 차이를 몫의 지수로 써 주면 답은 a^3이 된다.

2 $x^4 \div x^8$

1. 1단계: 밑이 같은 거듭제곱의 나눗셈 문제인지 확인하기
   - x^4, x^8은 밑이 x이므로 밑이 같은 거듭제곱의 나눗셈이다.

2. 2단계: 지수의 상대적 크기를 비교하여 지수법칙 결정하기

- 피제수 x^4의 지수는 4이고 제수 x^8의 지수는 8이므로 제수의 지수가 더 큰 경우가 되므로 나눗셈의 지수법칙 2를 적용한다($a^m \div a^n = \dfrac{1}{a^{(n-m)}}$).

3. 3단계: 몫에 들어갈 거듭제곱 결정하기 ← 동일한 밑, 지수 차이가 지수가 됨

- 피제수 x^4의 지수는 4이고 제수 x^8의 지수는 8이므로 지수의 차이는 4이다. 동일한 밑을 쓰고 지수의 차이를 쓰면 x^4가 된다.

4. 4단계: 거듭제곱의 곱셈의 역원 ($\dfrac{1}{\text{거듭제곱}}$) 구하기

- $\dfrac{1}{x^4}$

❸ $\left(\dfrac{y^2}{x^6}\right)^5$

1. 1단계: 분수의 거듭제곱 문제인지 확인하고 지수법칙 결정하기

- 분수 $\dfrac{y^2}{x^6}$의 5거듭제곱 문제이므로 나눗셈의 지수법칙 4를 적용한다.

→ $\left(\dfrac{a^m}{b^n}\right)^k = \dfrac{a^{mk}}{b^{nk}}$

2. 2단계: 괄호 안 분수의 분모와 분자의 밑을 써 주기

- 분모는 x^6이고 그 밑은 x, 분자는 y^2이고 그 밑은 y이므로 $\dfrac{y}{x}$가 된다.

3. 3단계: 분모 분자의 지수 결정하기 ← 괄호 안 분모의 지수와 괄호 밖 지수를 곱한 값이 분모의 지수가 되고, 괄호 안 분자의 지수와 괄호 밖 지수를 곱한 값이 분자의 지수가 됨

$$\rightarrow \left(\frac{y^2}{x^6}\right)^5 = \frac{y^{2\times5}}{x^{6\times5}} = \frac{y^{10}}{x^{30}}$$

◆ 다음 식을 간단히 하시오(선생님과 문제를 푸는 동안 문제 풀이를 아래에 적어 보세요).

1 $x^7 \div x^2$

1. 1단계: 밑이 같은 거듭제곱의 나눗셈 문제인지 확인하기

2. 2단계: 지수의 상대적 크기를 비교하여 지수법칙 결정하기

3. 3단계: 몫이 될 거듭제곱 결정하기 ← 동일한 밑, 지수의 차이가 지수가 됨

　정답

❷ $3^5 \div 3^8$

1. 1단계: 밑이 같은 거듭제곱의 나눗셈 문제인지 확인하기

Level 3
5차시

2. 2단계: 지수의 상대적 크기를 비교하여 지수법칙 결정하기

3. 3단계: 몫에 들어갈 거듭제곱 결정하기 ← 동일한 밑, 지수 차이가 지수가 됨

4. 4단계: 거듭제곱의 곱셈의 역원 ($\dfrac{1}{거듭제곱}$) 구하기

정답

❸ $(\dfrac{2^3 a^4}{b^2})^4$

1. 1단계: 분수의 거듭제곱 문제인지 확인하고 지수법칙 결정하기

2. 2단계: 괄호 안 분수의 분모와 분자의 밑을 써 주기

3. 3단계: 분모 분자의 지수 결정하기 ← 괄호 안 분모의 지수와 괄호 밖 지수를 곱한 값이 분모의 지수가 되고, 괄호 안 분자의 지수와 괄호 밖 지수를 곱한 값이 분자의 지수가 됨

정답

아 그렇구나! (1~4)

Level 3
5차시

❶ $a^2 \div a$를 지수법칙을 사용하여 간단히 나타낼 때 혼동되는 점은 무엇입니까?

이 문제에는 a가 포함되어 있는데, a의 지수를 0이라 생각하여 $a^{2-0} = a^2$ 이라고 답하는 경우가 있습니다. a는 a^1을 의미합니다. 따라서 $a^2 \div a = a^{2-1} = a^1 = a$입니다.

❷ $a^2 \div a^2$을 간단히 나타낼 때 혼동되는 점은 무엇입니까?

$a^{2-2} = a^0 = 0$이라고 생각하는 경우가 있습니다. 모든 값의 0제곱은 1입니다.

❸ $x^7 \div x^2 \div x^7$을 간단히 나타낼 때 혼동되는 점은 무엇입니까?

이 문제는 거듭제곱의 나눗셈을 두 번 해야 하는 문제입니다. 처음 두 항인 x^7과 x^2의 나눗셈을 한 후, 그 결과인 거듭제곱과 x^7의 나눗셈을 해야 하는 다단계 문제입니다. 첫 번째 나눗셈식인 $x^7 \div x^2$을 풀기 위해 피제수와 제수의 지수의 크기를 비교하면, 피제수인 x^7의 지수는 7이고 제수인 x^2의 지수는 2이므로 피제수의 지수가 더 큰 경우입니다. 밑은 그대로

[5차시] 지수법칙을 이용한 단항식의 나눗셈   73

써 주고, 지수의 차이인 7 − 2 = 5를 구하면 지수가 됩니다. 첫 번째 나눗셈식의 몫은 $x^7 \div x^2 = x^{7-2} = x^5$입니다. 이제 $x^5 \div x^7$을 계산합니다. 피제수 x^5의 지수는 5이고 제수 x^7의 지수는 7이므로 두 번째 나눗셈식은 제수의 지수가 피제수 지수보다 더 큰 경우입니다. 밑은 그대로 써 주고, 지수의 차이인 7 − 5 = 2를 지수로 써 준 후(x^2), 구해진 거듭제곱값의 역수를 구합니다.

$$\to \frac{1}{x^2}$$

④ $(x^2xy)^2 \times x^3 \div (x^3)^2$을 간단히 나타낼 때 혼동되는 점은 무엇입니까?

이 문제는 거듭제곱의 거듭제곱을 계산한 후, 거듭제곱의 곱셈과 나눗셈을 연이어 계산해야 하는 다단계 문제입니다. 다단계 문제를 풀 때는 괄호, 지수, 곱셈과 나눗셈 그리고 덧셈과 뺄셈 순으로 계산합니다. 먼저, 거듭제곱의 거듭제곱, 즉 지수를 먼저 계산합니다. $(x^2y)^2 = x^4y^2$으로, $(x^3)^2 = x^6$으로 정리한 후 문제를 다시 쓰면 $x^4y^2 \times x^3 \div x^6$이 됩니다. 이제 거듭제곱의 곱셈과 나눗셈 문제가 되었으니 순서대로 계산해 주면 됩니다. 먼저, $x^4y^2 \times x^3$을 계산하면 x^7y^2이 되고, $x^7y^2 \div x^6$을 계산하면 xy^2이 됩니다.

오늘 우리가 함께 공부한 것을 혼자서도 할 수 있는지 체크해 봅시다. 혼자서도 할 수 있으면 👍, 선생님의 도움이 더 필요하다면 ❓에 동그라미로 표시하세요.

Level 3

5차시

배움 체크 리스트	👍	❓
1. 거듭제곱의 의미를 이해하고, 거듭제곱의 곱셈의 역원을 구할 수 있습니다.		
2. 0을 제외한 모든 값의 0제곱은 1이라는 것을 이해합니다($a^0 = 1$).		
3. 밑이 같은 거듭제곱의 나눗셈의 몫은 피제수 지수와 제수 지수의 상대적 크기에 따라 구하는 방법이 다르다는 것을 이해하고 적용할 수 있습니다.		
4. 피제수 지수(m)가 제수 지수(n)보다 큰 거듭제곱 나눗셈의 몫을 구할 때는 동일한 밑에 피제수 지수와 제수 지수 간 차이를 구해 지수로 쓴다는 것을 이해하고 적용할 수 있습니다(예: $a^m \div a^n = a^{m-n}$).		
5. 제수 지수(n)가 피제수 지수(m)보다 큰 거듭제곱 나눗셈의 몫을 구할 때는 동일한 밑에 제수 지수와 피제수 지수 간의 차이를 구해 지수로 쓴 후, 그 거듭제곱의 곱셈의 역원 ($\frac{1}{거듭제곱}$)을 구한다는 것을 이해하고 적용할 수 있습니다(예: $a^m \div a^n = \frac{1}{a^{(n-m)}}$).		
6. 밑이 같고 피제수 지수(m)와 제수 지수(n)가 같은 거듭제곱의 나눗셈의 몫은 항상 1임을 이해하고 적용할 수 있습니다(예: $a^m \div a^n = a^{m-n} = a^0 = 1$).		
7. 분수의 거듭제곱은 분모와 분자의 밑을 쓰고, 괄호 안 분모의 지수와 분자의 지수에 괄호 밖 지수를 각각 곱한 값을 분모와 분자의 지수로 쓴다는 것을 이해하고 적용할 수 있습니다[예: $(\frac{a^m}{b^n})^k = \frac{a^{mk}}{b^{nk}}$].		

오늘 배운 것을 기억하면서 문제를 혼자 풀어 보는 시간입니다. 내비게이션 3.5 를 사용하면 도움이 됩니다.

✏️ 다음 식을 간단히 하시오.

1. $3^4 \times 3^2$

2. $(x^3 y^5)^5$

3. $a^5 \div a^2$

4. $x^2 \div x^7$

5. $(x^2)^3 \div x^8$

6. $(\dfrac{y}{3a})^5$

7. $(\dfrac{x^2 y^3}{b})^3$

단항식의 곱셈

사전평가(1~7) ·

✎ 다음 식을 간단히 나타내시오.

1. $2^3 \times 2^2$

2. $(-3x^2)^3$

3. $3a^4 \times 2a$

4. $(-5x)^2 \times 3x^6$

5. $4x^2 \times 4x^8$

6. $(-3b)^3 \times 4b$

7. $(3a)^2 \times -4a^3$

✎ 다음 식을 간단히 나타내시오.

❶ $5a^6 \times (-2)a$

1. 1단계: 괄호가 있는 거듭제곱 정리하기

- 괄호가 있는 거듭제곱이 없다.

2. 2단계: 곱셈 기호가 생략된 곳에 곱셈 기호를 넣어 주기

→ $5a^6 \times (-2)a = (5 \times a^6) \times (-2 \times a)$

3. 3단계: 계수는 계수끼리, 문자는 동일한 밑을 가진 문자끼리 곱해 주기

→ $(5 \times a^6) \times (-2 \times a) = (5 \times -2) \times (a^6 \times a)$ ← 곱셈의 교환법칙과 결합법칙 적용

$= -10 \times a^{6+1}$ ← 곱셈에 대한 지수법칙 적용

$= -10 \times a^7$

4. 4단계: 곱셈 기호를 생략하고 계수, 문자 순으로 써 주기

→ $-10a^7$

② $(-2x)^5 \times 3x^3$

1. **1단계:** 괄호가 있는 거듭제곱 정리하기

   → $(-2x)^5 = (-2)^5 x^5 = -32x^5$ ← 거듭제곱의 거듭제곱 지수법칙

   $(a^l b^m)^n = a^{l \times n} b^{m \times n}$

2. **2단계:** 곱셈 기호가 생략된 곳에 곱셈 기호 넣어 주기

   → $-32x^5 \times 3x^3 = -32 \times x^5 \times 3 \times x^3$

3. **3단계:** 계수는 계수끼리, 문자는 동일한 밑을 가진 문자끼리 곱해 주기

   → $(-32 \times x^5) \times (3 \times x^3) = (-32 \times 3) \times (x^5 \times x^3)$ ← 곱셈의 교환법칙과 결합법칙
   적용

   $\qquad\qquad = -96 \times x^{5+3}$ ← 곱셈에 대한 지수법칙 적용

   $\qquad\qquad = -96 \times x^8$

4. **4단계:** 곱셈 기호를 생략하고 계수, 문자 순으로 써 주기

   → $-96x^8$

③ $2x^3 \times 4x^6$

1. **1단계:** 괄호가 있는 거듭제곱 정리하기

   ● 괄호가 있는 거듭제곱이 없다.

2. 2단계: 곱셈 기호가 생략된 곳에 곱셈 기호 넣어 주기

$\rightarrow 2x^3 \times 4x^6 = 2 \times x^3 \times 4 \times x^6$

3. 3단계: 계수는 계수끼리, 문자는 동일한 밑을 가진 문자끼리 곱해 주기

$\rightarrow (2 \times x^3) \times (4 \times x^6) = (2 \times 4) \times (x^3 \times x^6)$ ← 곱셈의 교환법칙과 결합법칙 적용

$= 8 \times x^9$ ← 곱셈에 대한 지수법칙 적용

$= 8 \times x^9$

4. 4단계: 곱셈 기호를 생략하고 계수, 문자 순으로 써 주기

$\rightarrow 8x^9$

🖊️ 다음 식을 간단히 하시오(선생님과 문제를 푸는 동안 문제 풀이를 아래에 적어 보세요).

1 $-5x^7 \times 3x^2$

1. 1단계: 괄호가 있는 거듭제곱 정리하기

2. 2단계: 곱셈 기호가 생략된 곳에 곱셈 기호 넣어 주기

3. 3단계: 계수는 계수끼리, 문자는 동일한 밑을 가진 문자끼리 곱해 주기

4. 4단계: 곱셈 기호를 생략하고 계수, 문자 순으로 써 주기

정답

❷ $(-4b)^3 \times 5b$

1. 1단계: 괄호가 있는 거듭제곱 정리하기

2. 2단계: 곱셈 기호가 생략된 곳에 곱셈 기호 넣어 주기

3. 3단계: 계수는 계수끼리, 문자는 동일한 밑을 가진 문자끼리 곱해 주기

4. 4단계: 곱셈 기호를 생략하고 계수, 문자 순으로 써 주기

정답

❸ $(-3a)^3 \times -5a$

1. 1단계: 괄호가 있는 거듭제곱 정리하기

2. 2단계: 곱셈 기호가 생략된 곳에 곱셈 부호 넣어 주기

3. 3단계: 계수는 계수끼리, 문자는 동일한 밑을 가진 문자끼리 곱해 주기

4. 4단계: 곱셈 기호를 생략하고 계수, 문자 순으로 써 주기

   정답

❶ $(-3a)^3 \times -5a^2$을 간단히 나타낼 때 혼동되는 점은 무엇입니까?

$-5a^2$을 $(-5a)^2$이라고 생각할 경우에는 $(-5)^2 a^2$이라 정리한 후 곱셈식을 계산하는 경우가 있습니다. a^2의 2는 a의 지수이지 $(-5a)$의 지수가 아닙니다. 따라서 $(-3a)^3 \times -5a^2 = (-27a^3) \times -5a^2 = 135a^5$이 됩니다.

Level 3
6차시

❷ $2a^2 \times b^2$을 간단히 나타낼 때 혼동되는 점은 무엇입니까?

a^4과 b^4의 밑이 다름에도 불구하고 거듭제곱의 곱셈에 대한 지수법칙을 적용하여 $2a^4 b^4$이라고 답하는 경우가 있습니다. 밑이 다른 경우에는 지수법칙을 적용하여 더 이상 정리할 수 없으므로 $2a^2 \times b^2$은 $2a^2 b^2$으로 씁니다.

배움 체크하기

 오늘 우리가 함께 공부한 것을 혼자서도 할 수 있는지 체크해 봅시다. 혼자서도 할 수 있으면 👍, 선생님의 도움이 더 필요하다면 ❓에 동그라미로 표시하세요.

배움 체크 리스트	👍	❓
1. 거듭제곱의 의미를 이해하고, 거듭제곱의 거듭제곱을 계산할 수 있습니다.		
2. 밑이 다른 거듭제곱인 단항식의 곱셈은 지수법칙을 적용하여 정리할 수 없다는 것을 이해하고 적용할 수 있습니다.		
3. 밑이 같은 거듭제곱으로 이루어진 단항식들의 곱셈은 지수법칙을 적용하여 정리할 수 있음을 이해하고 적용할 수 있습니다.		
4. 거듭제곱이 있는 단항식의 곱셈을 할 때는 거듭제곱의 거듭제곱을 먼저 정리한다는 것을 이해하고 적용할 수 있습니다.		
5. 단항식에서 곱셈 기호가 생략된 부분을 찾아 곱셈 기호를 넣을 수 있습니다.		
6. 단항식의 곱셈을 할 때는 계수는 계수끼리 문자는 동일한 밑을 가진 문자끼리 곱셈을 한다는 것을 이해하고 적용할 수 있습니다.		
7. 단항식의 곱셈의 결과는 곱셈 기호를 생략하고 계수와 문자 순으로, 문자는 알파벳 순으로 쓴다는 것을 이해하고 적용할 수 있습니다.		

88   Level 3

오늘 배운 것을 기억하면서 문제를 혼자 풀어 보는 시간입니다. 내비게이션 3.6 을 사용하면 도움이 됩니다.

✎ 다음 식을 간단히 하시오.

1. $3^3 \times 3^2$

2. $(-2a^2y^5)^3$

3. $4a^3 \times 3a$

4. $(-3x)^3 \times 3x^5$

5. $6x^3 \times 7x^7$

6. $(-2b)^3 \times 5b$

7. $(5a)^2 \times -3a^7b^2$

단항식의 나눗셈

사전평가(1~7) ·

✎ 다음 식을 간단히 나타내시오.

1. $2^3 \div 2^2$

2. $x^5 \div y^5$

3. $15a^4 \div 3a^2$

4. $12a^4b^3 \div 4ab^5$

5. $24x^3y^5 \div 8x^4y^2$

6. $(-5x^2y^3)^2 \div 5x^2y^3$

7. $(9x^4y^5)^2 \div (-3x^2y^6)^3$

✏️ 다음 식을 간단히 하시오.

1 $21a^6 \div (-3)a$

1. 1단계: 괄호가 있는 거듭제곱 정리하기

   - 괄호가 있는 거듭제곱이 없다.

2. 2단계: 나눗셈식을 분수식으로 바꾸기

$$\rightarrow 21a^6 \div -3a = 21a^6 \times \frac{1}{-3a}$$
$$= \frac{21a^6}{-3a}$$

3. 3단계: 분자와 분모에 생략된 곱셈 기호 넣기

$$\rightarrow \frac{21a^6}{-3a} = \frac{21 \times a^6}{-3 \times a}$$

4. 4단계: 계수는 계수끼리, 문자는 동일한 밑을 가진 문자끼리 나누기

$$\rightarrow \frac{21 \times a^6}{-3 \times a} = \frac{21}{-3} \times \frac{a^6}{a}$$
$$= \frac{-7}{1} \times \frac{a^{6-1}}{1} = \frac{-7 \times a^5}{1}$$

5. 5단계: 곱셈 기호를 생략하고 계수, 문자 순으로 쓰기

$$\rightarrow \frac{-7 \times a^5}{1} = -7a^5$$

❷ $(-9x)^2 \div 3x^3$

1. 1단계: 괄호가 있는 거듭제곱 정리하기

$$\rightarrow (-9x)^2 = (-9)^2 x^2 = 81x^2$$

2. 2단계: 나눗셈식을 분수식으로 바꾸기

$$\rightarrow (-9x)^2 \div 3x^3 = 81x^2 \times \frac{1}{3x^3} = \frac{81x^2}{3x^3}$$

3. 3단계: 분자와 분모에 생략된 곱셈 기호 넣기

$$\rightarrow \frac{81x^2}{3x^3} = \frac{81 \times x^2}{3 \times x^3}$$

4. 4단계: 계수는 계수끼리, 문자는 동일한 밑을 가진 문자끼리 나누기

$$\rightarrow \frac{81 \times x^2}{3 \times x^3} = \frac{81}{3} \times \frac{x^2}{x^3} = \frac{27}{1} \times \frac{1}{x^{3-2}} = \frac{27}{x}$$

5. 5단계: 곱셈 기호를 생략하고 계수, 문자 순으로 쓰기

$$\rightarrow \frac{27}{x}$$

❸ $(-2x^3y^7)^3 \div 4x^6y^2$

1. 1단계: 괄호가 있는 거듭제곱 정리하기

→ $(-2x^3y^7)^3 = (-2)^3\,x^{3\times3}y^{7\times3} = -8\,x^9y^{21}$

2. 2단계: 나눗셈식을 분수식으로 바꾸기

→ $(-2x^3y^7)^3 \div 4x^6y^2 = -8x^9y^{21} \times \dfrac{1}{4x^6y^2} = \dfrac{-8x^9y^{21}}{4x^6y^2}$

3. 3단계: 분자와 분모에 생략된 곱셈 기호 넣기

→ $\dfrac{-8x^9y^{21}}{4x^6y^2} = \dfrac{-8 \times x^9 \times y^{21}}{4 \times x^6 \times y^2}$

Level 3

7차시

4. 4단계: 계수는 계수끼리, 문자는 동일한 밑을 가진 문자끼리 나누기

→ $\dfrac{-8 \times x^9 \times y^{21}}{4 \times x^6 \times y^2} = \dfrac{-8}{4} \times \dfrac{x^9}{x^6} \times \dfrac{y^{21}}{y^2} = \dfrac{-2}{1} \times \dfrac{x^{9-6}}{1} \times \dfrac{y^{21-2}}{1}$

$= \dfrac{-2 \times x^3 \times y^{19}}{1}$

5. 5단계: 곱셈 기호를 생략하고 계수, 문자 순으로 쓰기

→ $\dfrac{-2 \times x^3 \times y^{19}}{1} = -2x^3y^{19}$

[7차시] 단항식의 나눗셈　95

❖ 다음 식을 간단히 하시오(선생님과 문제를 푸는 동안 문제 풀이를 아래에 적어 보세요).

1 $-25x^7 \div (5x)^2$

1. 1단계: 괄호가 있는 거듭제곱 정리하기

2. 2단계: 나눗셈식을 분수식으로 바꾸기

3. 3단계: 분자와 분모에 생략된 곱셈 기호 넣기

4. 4단계: 계수는 계수끼리, 문자는 동일한 밑을 가진 문자끼리 나누기

5. 5단계: 곱셈 기호를 생략하고 계수, 문자 순으로 쓰기

정답

❷ $(-2a^2b)^3 \div 16ab^4$

1. 1단계: 괄호가 있는 거듭제곱 정리하기

2. 2단계: 나눗셈식을 분수식으로 바꾸기

3. 3단계: 분자와 분모에 생략된 곱셈 기호 넣기

4. 4단계: 계수는 계수끼리, 문자는 동일한 밑을 가진 문자끼리 나누기

5. 5단계: 곱셈 기호를 생략하고 계수, 문자 순으로 쓰기

정답

❸ $(-5x^4y^5)^3 \div (-10x^5y^3)^2$

1. 1단계: 괄호가 있는 거듭제곱 정리하기

2. 2단계: 나눗셈식을 분수식으로 바꾸기

3. 3단계: 분자와 분모에 생략된 곱셈 기호 넣기

4. 4단계: 계수는 계수끼리, 문자는 동일한 밑을 가진 문자끼리 나누기

5. 5단계: 곱셈 기호를 생략하고 계수, 문자 순으로 쓰기

   정답

1 $(-3a^2b)^3 \div 4b^2$을 간단히 나타낼 때 혼동되는 점은 무엇입니까?

이 문제는 분자와 분모에 포함된 문자들이 일치하지 않아서 혼동될 수 있는 문제입니다. 주어진 식을 정리할 때, 먼저 괄호의 거듭제곱인 $(-3a^2b)^3$을 $-27a^6b^3$으로 정리한 후 $-27a^6b^3 \div 4b^2$을 계산합니다. 나눗셈을 분수로 나타내면 $-27a^6b^3 \times \dfrac{1}{4b^2} = \dfrac{-27a^6b^3}{4b^2}$이 됩니다. a^6과 나눗셈할 거듭제곱이 분모에 포함되어 있지 않아서 혼동될 수 있습니다. 이런 경우엔 a^6을 $1 = a^0$으로 나눠 줍니다.

$$\rightarrow \frac{-27 \times a^6 \times b^3}{4 \times b^2} = \frac{-27}{4} \times \frac{a^6}{a^0} \times \frac{b^3}{b^2} = \frac{-27}{4} \times \frac{a^{6-0}}{1} \times \frac{b^{3-2}}{1}$$

$$= \frac{-27 \times a^6 \times b}{4} = -\frac{27}{4}a^6b$$

2 $-3a^2b^3 \div 4a^2b^5$을 간단히 나타낼 때 혼동되는 점은 무엇입니까?

이 문제는 나눗셈의 결과가 한 문자의 지수를 0으로 만들어 답에 그 문자를 포함하지 않게 되는 문제입니다. $-3a^2b^3 \div 4a^2b^5$에서 피제수의 a^2과 제수의 a^2을 나누면 a^0, 즉 1이 됩니다. 따라서 답은 a가 포함되지 않은 $\dfrac{-3}{4b^2}$이 됩니다.

오늘 우리가 함께 공부한 것을 혼자서도 할 수 있는지 체크해 봅시다. 혼자서도 할 수 있으면 👍, 선생님의 도움이 더 필요하다면 ❓에 동그라미로 표시하세요.

배움 체크 리스트	👍	❓
1. 유리수의 나눗셈을 곱셈과 곱셈의 역원을 이용하여 계산할 수 있습니다.		
2. 거듭제곱의 거듭제곱과 거듭제곱의 나눗셈에 적용되는 지수법칙을 이해하고 적용할 수 있습니다.		
3. 계수가 있는 단항식들의 나눗셈은 분모와 분자가 단항식인 분수로 만들어 계산할 수 있음을 이해하고 적용할 수 있습니다.		
4. 계수가 있는 단항식들의 나눗셈을 할 때는 괄호의 거듭제곱을 먼저 정리한 후 계산한다는 것을 이해하고 적용할 수 있습니다.		
5. 단항식의 나눗셈을 분수로 만든 후에는 계수는 계수끼리, 문자는 밑이 동일한 문자끼리 약분하거나 나눗셈한다는 것을 이해하고 적용할 수 있습니다.		
6. 단항식의 나눗셈 결과는 곱셈 기호를 생략하고 숫자와 문자 순으로, 문자는 알파벳 순으로 쓴다는 것을 이해하고 적용할 수 있습니다.		
7. 분모와 분자에 포함된 문자가 다를 경우에는 계수는 계수끼리, 동일한 밑을 가진 문자끼리 나눗셈하여 정리한 후, 짝이 없는 문자는 분모나 분자에 그대로 써 준다는 것을 이해하고 적용할 수 있습니다.		

오늘 배운 것을 기억하면서 문제를 혼자 풀어 보는 시간입니다. 내비게이션 3.7 을 사용하면 도움이 됩니다.

✎ 다음 식을 간단히 하시오.

1. $4^4 \div 4^2$

2. $a^7 \div b^7$

3. $18a^7 \div 9a^3$

4. $35a^3b^3 \div 5ab^6$

5. $42x^2y^5 \div 6x^5y^2$

6. $(-5x^3y^6)^2 \div 5x^6y^6$

7. $(9x^6)^2 \div (-3x^2y^6)^3$

단항식의 혼합셈

사전평가(1~7)

🖋 다음 식을 간단히 나타내시오.

1. $9a^4 \times 3a^2$

2. $12a^4b^3 \div 4ab^5$

3. $3x^5 \div (-9x^2)^2 \times (-4x)^3$

4. $7ab \times 6a \div 3b$

5. $15a^2b \times 3b \div 5a^3$

6. $(-5x^2y^3)^3 \div 15x^2y^3 \times 3x^5y^3$

7. $21x^2 \times (9x^4y^5)^2 \div (-3x^2y^6)^3$

보여 주는 문제(1~3)

✏️ 다음 식을 간단히 하시오.

① $8a^7 \div (-2a^2)^3 \div 2a$

1. 1단계: 괄호가 있는 거듭제곱 정리하기

    $\rightarrow (-2a^2)^3 = (-2)^3(a^2)^3 = -8a^6$

2. 2단계: 거듭제곱값을 주어진 식에 대입하여 주어진 식 변경하기

    $\rightarrow 8a^7 \div (-2a^2)^3 \div 2a = 8a^7 \div -8a^6 \div 2a$

Level 3

8차시

3. 3단계: 왼쪽부터 첫 번째 식 계산하기

    $\rightarrow 8a^7 \div -8a^6 = 8a^7 \times \dfrac{1}{-8a^6} = \dfrac{8a^7}{-8a^6}$ ← 분수식으로 전환

    $= \dfrac{8 \times a^7}{-8 \times a^6} = \dfrac{8}{-8} \times \dfrac{a^7}{a^6} = -1 \times \dfrac{a^{7-6}}{1}$ ← 계수끼리, 문자끼리 나눗셈

    $= -\dfrac{a^1}{1} = -a$

4. 4단계: 첫 번째 식 계산의 결과값을 주어진 식에 대입하여 주어진 식 변경하기

    $\rightarrow 8a^3 \div -8a^6 \div 2a = -a \div 2a$

5. 5단계: 두 번째 식 계산하기

$$\to -a \div 2a = -a \times \frac{1}{2a} = -\frac{a}{2a} \quad \leftarrow \text{분수식으로 전환}$$

$$= \frac{-1 \times a}{2 \times a} = -\frac{1}{2} \times \frac{a}{a} \quad\quad \leftarrow \text{계수끼리, 문자끼리 나눗셈}$$

$$= -\frac{1}{2} \times 1$$

6. 6단계: 계수와 문자를 곱셈 기호 없이 써 주기

$$\to -\frac{1}{2} \times 1 = -\frac{1}{2}$$

② $(-9y)^2 \div 3y^5 \times (-y)^2$

1. 1단계: 괄호가 있는 거듭제곱 정리하기

$$\to (-9y)^2 = (-9)^2(y)^2 = \boxed{81y^2}$$

$$(-y)^2 = (-1)^2(y)^2 = \boxed{y^2}$$

2. 2단계: 거듭제곱값을 주어진 식에 대입하여 주어진 식 변경하기

$$\to (-9y)^2 \div 3y^5 \times (-y)^2 = \boxed{81y^2} \div 3y^5 \times \boxed{y^2}$$

3. 3단계: 왼쪽부터 첫 번째 식 계산하기

$$\to 81y^2 \div 3y^5 = 81y^2 \times \frac{1}{3y^5} = \frac{81y^2}{3y^5} \quad\quad \leftarrow \text{분수식으로 전환}$$

$$= \frac{81 \times y^2}{3 \times y^5} = \frac{81}{3} \times \frac{y^2}{y^5} = \frac{21}{1} \times \frac{1}{y^{5-2}} \quad \leftarrow \text{계수끼리, 문자끼리 나눗셈}$$

$$= \frac{21}{y^3}$$

4. 4단계: 첫 번째 식 계산의 결과값을 주어진 식에 대입하여 주어진 식 변경하기

$$\rightarrow 81y^2 \div 3y^5 \times y^2 = \frac{21}{y^3} \times y^2$$

5. 5단계: 두 번째 식 계산하기

$$\rightarrow \frac{21}{y^3} \times y^2 = \frac{21}{y^3} \times \frac{y^2}{1} \qquad \leftarrow \text{분수식의 곱셈으로 전환}$$

$$= \frac{21 \times y^2}{1 \times y^3} \qquad\qquad \leftarrow \text{분모는 분모끼리, 분자는 분자끼리 곱셈}$$

$$= \frac{21}{1} \times \frac{y^2}{y^3} = \frac{21}{1} \times \frac{1}{y^{3-2}} \qquad \leftarrow \text{계수끼리, 문자끼리 나눗셈}$$

$$= 21 \times \frac{1}{y}$$

6. 6단계: 계수와 문자를 곱셈 기호 없이 써 주기

$$\rightarrow 21 \times \frac{1}{y} = \frac{21}{y}$$

❸ $3xy \times (-2x^3y^7)^3 \div 4x^6y^2$

1. 1단계: 괄호가 있는 거듭제곱 정리하기

   $\rightarrow (-2x^3y^7)^3 = (-2)^3 x^{3\times3} y^{7\times3} = \boxed{-8x^9y^{21}}$

2. 2단계: 거듭제곱값을 주어진 식에 대입하여 주어진 식 변경하기

   $\rightarrow 3xy \times (-2x^3y^7)^3 \div 4x^6y^2 = 3xy \times \boxed{-8x^9y^{21}} \div 4x^6y^2$

3. 3단계: 왼쪽부터 첫 번째 식 계산하기

   $\rightarrow 3xy \times -8x^9y^{21} = (3 \times x \times y) \times (-8 \times x^9 \times y^{21})$ ← 생략된 곱셈 기호 넣어 줌

   $= (3 \times -8) \times (x \times x^9) \times (y \times y^{21})$ ← 계수끼리, 문자끼리 곱셈

   $= -24x^{10}y^{22}$

4. 4단계: 첫 번째 식 계산의 결과값을 주어진 식에 대입하여 주어진 식 변경하기

   $\rightarrow \boxed{3xy \times -8x^9y^{21}} \div 4x^6y^2 = \boxed{-24x^{10}y^{22}} \div 4x^6y^2$

5. 5단계: 두 번째 식 계산하기

   $\rightarrow -24x^{10}y^{22} \div 4x^6y^2 = \dfrac{-24x^{10}y^{22}}{4x^6y^2}$ ← 분수식으로 전환

   $= \dfrac{-24 \times x^{10} \times y^{22}}{4 \times x^6 \times y^2} = \dfrac{-24}{4} \times \dfrac{x^{10}}{x^6} \times \dfrac{y^{22}}{y^2}$

   $= \dfrac{-6}{1} \times \dfrac{x^{10-6}}{1} \times \dfrac{y^{22-2}}{1}$ ← 계수끼리, 문자끼리 나눗셈

   $= -6 \times x^4 \times y^{20}$

6. 6단계: 계수와 문자를 곱셈 기호 없이 써 주기

$$\rightarrow -6 \times x^4 \times y^{20} = -6x^4y^{20}$$

◆ 다음 식을 간단히 하시오(선생님과 문제를 푸는 동안 문제 풀이를 아래에 적어 보세요).

❶ $-25x^7 \div (5x)^2 \div 3x^3$

1. 1단계: 괄호가 있는 거듭제곱 정리하기

2. 2단계: 거듭제곱값을 주어진 식에 대입하여 주어진 식 변경하기

3. 3단계: 왼쪽부터 첫 번째 식 계산하기

4. 4단계: 첫 번째 식 계산의 결과값을 주어진 식에 대입하여 주어진 식 변경하기

5. 5단계: 두 번째 식 계산하기

6. 6단계: 계수와 문자를 곱셈 기호 없이 써 주기

정답

❷ $(-2a^2)^3 \div 16a^3 \times 4a$

Level 3
8차시

1. 1단계: 괄호가 있는 거듭제곱 정리하기

2. 2단계: 거듭제곱값을 주어진 식에 대입하여 주어진 식 변경하기

3. 3단계: 왼쪽부터 첫 번째 식 계산하기

4. 4단계: 첫 번째 식 계산의 결과값을 주어진 식에 대입하여 주어진 식 변경하기

5. 5단계: 두 번째 식 계산하기

6. 6단계: 계수와 문자를 곱셈 기호 없이 써 주기

정답

❸ $-2x^4y^2 \times (-5x^4y^5)^3 \div (-10x^5y^3)^2$

1. 1단계: 괄호가 있는 거듭제곱 정리하기

2. 2단계: 거듭제곱값을 주어진 식에 대입하여 주어진 식 변경하기

3. 3단계: 왼쪽부터 첫 번째 식 계산하기

4. 4단계: 첫 번째 식 계산의 결과값을 주어진 식에 대입하여 주어진 식 변경하기

5. 5단계: 두 번째 식 계산하기

6. 6단계: 계수와 문자를 곱셈 기호 없이 써 주기

정답

1 $\frac{4}{3}(-3a^2b)^3 \times 2a^3b \div \frac{5}{2}b^2$을 간단히 나타낼 때 혼동되는 점은 무엇입니까?

이 문제는 혼합식에 포함된 단항식의 계수가 분수를 포함하고 있고, 기존의 혼합식보다 문제풀이가 한 단계 더 필요한 경우입니다. 괄호가 있는 거듭제곱을 정리한 후 $[(-3a^2b)^3 = -27a^6b^3]$, 그 앞의 계수인 분수 $\frac{4}{3}$를 괄호의 거듭제곱의 결과에 곱해 주는 과정이 추가적으로 필요한 단계입니다($\frac{4}{3} \times -27a^6b^3 = -36a^6b^3$). 왼쪽에서부터 첫 번째 식인 $-36a^6b^3 \times 2a^3b$를 계산하면 $-72a^9b^4$이 됩니다. 이제 두 번째 식인 $-72a^9b^4 \div \frac{5}{2}b^2$을 계산해야 하는데, 나누는 수의 계수가 분수입니다. 이런 경우에는 $\frac{5}{2}b^2$을 문자 부분까지 분수식으로 바꾼 후($\frac{5}{2}b^2 = \frac{5b^2}{2}$), 나눗셈을 곱셈으로 바꾸고 분수식의 곱셈의 역원(분모와 분자를 바꿔 씀)을 곱해 주면 됩니다. $-72a^9b^4 \div \frac{5}{2}b^2 = -72a^9b^4 \times \frac{2}{5b^2}$를 계산하면 $\frac{-72a^9b^4 \times 2}{5b^2} = \frac{-144a^9b^4}{5b^2} = \frac{-144a^9b^2}{5}$이 정답입니다.

❷ $-(x^2)^3 \div (\dfrac{x^3}{3})^3 \times x^2$을 간단히 나타낼 때 혼동되는 점은 무엇입니까?

이 문제도 혼합식에 포함된 단항식의 계수가 분수인 경우입니다. 먼저, 괄호의 거듭제곱을 정리하면 $-(x^2)^3 = -x^6$, $(\dfrac{x^3}{3})^3 = \dfrac{x^9}{27}$이 됩니다. 거듭제곱의 정리 결과를 대입하여 주어진 식을 바꿔 주면 $-x^6 \div \dfrac{x^9}{27} \times x^2$이 됩니다. 첫 번째 식인 $-x^6 \div \dfrac{x^9}{27}$을 계산하면 $-\dfrac{27}{x^3}$이 됩니다. $-\dfrac{27}{x^3}$을 첫 번째 식 대신 대입하여 두 번째 식 $-\dfrac{27}{x^3} \times x^2$을 계산합니다. $-\dfrac{27}{x^3} \times x^2 = -\dfrac{27}{x}$이 답이 됩니다.

Level 3
8차시

배움 체크하기

 오늘 우리가 함께 공부한 것을 혼자서도 할 수 있는지 체크해 봅시다. 혼자서도 할 수 있으면 👍, 선생님의 도움이 더 필요하다면 ❓에 동그라미로 표시하세요.

배움 체크 리스트	👍	❓
1. 분수를 포함한 유리수의 나눗셈을 곱셈의 역원을 이용하여 곱셈식으로 계산할 수 있습니다.		
2. 거듭제곱의 거듭제곱과 거듭제곱의 나눗셈에 적용되는 지수법칙을 이해하고 적용할 수 있습니다.		
3. 곱셈과 나눗셈만 포함하는 혼합셈은 왼쪽부터 순서대로 계산한다는 것을 이해하고 적용할 수 있습니다.		
4. 곱셈과 나눗셈만 포함하는 혼합셈은 괄호의 거듭제곱을 먼저 정리한 후, 왼쪽에서 오른쪽 순서대로 계산한다는 것을 이해하고 적용할 수 있습니다.		
5. 분수로 된 단항식의 곱셈식은 분모는 분모끼리, 분자는 분자끼리 곱셈을 하며, 곱셈을 할 때는 계수는 계수끼리, 문자는 밑이 같은 문자끼리 지수법칙을 사용하여 계산한다는 것을 이해하고 적용할 수 있습니다.		
6. 분수로 된 단항식의 나눗셈은 나눗셈 기호를 곱셈으로 바꾸고, 제수의 곱셈의 역원을 곱해 주어 계산함을 이해하고 적용할 수 있습니다.		
7. 분모와 분자에 포함된 문자가 다를 경우에는 계수는 계수끼리, 동일한 밑을 가진 문자끼리 나눗셈하여 정리한 후, 짝이 없는 문자는 분모나 분자에 그대로 써 준다는 것을 이해하고 적용할 수 있습니다.		

오늘 배운 것을 기억하면서 문제를 혼자 풀어 보는 시간입니다. 내비게이션 3.8 을 사용하면 도움이 됩니다.

✏️ 다음 식을 간단히 하시오.

1. $6b^3 \times 7b^4$

Level 3

8차시

2. $30a^2b^6 \div 6ab^7$

3. $5x^5 \div (-4x^3)^2 \times (-3x)^4$

4. $9ab \times 6b \div 27a$

5. $12a^2b \times 3b \div 6a^3$

6. $(-2x^3y^4)^4 \div 48x^3y^2 \times 6x^4y^5$

7. $6x^2 \times (-5x^4y^5)^3 \div (-10x^3y^9)^2$

문자가 2개인 일차식의 덧셈과 뺄셈

✎ 다음 식을 간단히 나타내시오.

1. $x + 2x$

2. $(2a + 3) - (a - 1)$

3. $(a + 2b) + (4a - 5b)$

4. $(5x - 2y + 6) - (3x - 3y - 2)$

5. $(-3x + 2y) - (4x - 3y)$

6. $(-2a + b - 7) + (5a - 4b + 3)$

7. $(4x - 2y + 3) - (-3x + y - 6)$

✎ 다음 식을 계산하시오.

① $(2a + 3b) + (a + 5b)$

1. 1단계: 괄호 풀기

→ $(2a + 3b) + (a + 5b) = 2a + 3b + a + 5b$ ← 덧셈식은 괄호만 없애 줌

2. 2단계: 동류항끼리 모아 주기

→ $2a + 3b + a + 5b = 2a + a + 3b + 5b$

← $2a$와 a가 동류항, $3b$와 $5b$가 동류항

Level 3
9차시

3. 3단계: 동류항 계산하기

→ $2a + a + 3b + 5b = (2 + 1)a + (3 + 5)b = 3a + 8b$

4. 4단계: 계산 결과 쓰기 ← 문자항은 알파벳순으로 쓰고, 상수항은 가장 마지막에 씀

→ $3a + 8b$

❷ $(3a - b + 2) + (6a + 4b - 3)$

1. 1단계: 괄호 풀기

   $\rightarrow (3a - b + 2) + (6a + 4b - 3) = 3a - b + 2 + 6a + 4b - 3$

   ← 덧셈식은 괄호만 없애 줌

2. 2단계: 동류항끼리 모아 주기

   $\rightarrow 3a - b + 2 + 6a + 4b - 3 = 3a + 6a - b + 4b + 2 - 3$

   ← $3a$와 $6a$, $-b$와 $4b$, 2와 -3 동류항

3. 3단계: 동류항 계산하기

   $\rightarrow 3a + 6a - b + 4b + 2 - 3 = (3 + 6)a + (-1 + 4)b + (2 - 3)$
   $= 9a + 3b - 1$

4. 4단계: 계산 결과 쓰기 ← 문자항은 알파벳순으로 쓰고, 상수항은 가장 마지막에 씀

   $\rightarrow 9a + 3b - 1$

❸ $(5x + 3y) - (3x + 2y)$

1. 1단계: 괄호 풀기

   $\rightarrow (5x + 3y) - (3x + 2y) = 5x + 3y + -3x - 2y$

   ← 뺄셈식은 뺄셈 기호는 덧셈 기호로, 빼는 식의 모든 항의 부호를 반대 부호로 변경

2. 2단계: 동류항끼리 모아 주기

→ $5x + 3y - 3x - 2y = 5x - 3x + 3y - 2y$ ← $5x$와 $-3x$, $3y$와 $-2y$가 동류항

3. 3단계: 동류항 계산하기

→ $5x - 3x + 3y - 2y = (5 - 3)x + (3-2)y = 2x + y$

4. 4단계: 계산 결과 쓰기 ← 문자항은 알파벳순으로 쓰고, 상수항은 가장 마지막에 씀

→ $2x + y$

◆ 다음 식을 간단히 하시오(선생님과 문제를 푸는 동안 문제 풀이를 아래에 적어 보세요).

1 $(5x - 4y + 2) + (2x + 3y - 4)$

   1. 1단계: 괄호 풀기

   2. 2단계: 동류항끼리 모아 주기

   3. 3단계: 동류항 계산하기

   4. 4단계: 계산 결과 쓰기 ← 문자항은 알파벳순으로 쓰고, 상수항은 가장 마지막에 씀

    정답

❷ $(-2a + b - 5) - (3a + 2b - 6)$

1. 1단계: 괄호 풀기

2. 2단계: 동류항끼리 모아 주기

3. 3단계: 동류항 계산하기

4. 4단계: 계산 결과 쓰기 ← 문자항은 알파벳순으로 쓰고, 상수항은 가장 마지막에 씀

정답

3 $(4x - 5y + 1) - (-3x - y - 1)$

1. 1단계: 괄호 풀기

2. 2단계: 동류항끼리 모아 주기

3. 3단계: 동류항 계산하기

4. 4단계: 계산 결과 쓰기 ← 문자항은 알파벳순으로 쓰고, 상수항은 가장 마지막에 씀

정답

아 그렇구나! (1~2) ●

❶ $4(-3a + b) + (a - 2b)$를 계산할 때 혼동되는 점은 무엇입니까?

이 문제는 1이 아닌 수가 다항식과 곱해지는 경우입니다. 분배법칙을 적용한 다항식의 곱셈에 익숙지 않을 경우, 괄호 앞에 있는 숫자를 첫째 항에만 곱하는 오류를 보입니다. $4(-3a + b)$를 분배법칙을 적용하여 풀면 $4(-3a + b) = 4 \times -3a + 4 \times b = -12a + 4b$가 된다는 것을 기억합시다. $4(-3a + b) + (a - 2b) = -12a + 4b + a - 2b = -11a + 2b$ 입니다.

Level 3
9차시

❷ $-(a + b) - (2a + b)$를 계산할 때 혼동되는 점은 무엇입니까?

이 문제는 두 다항식에 곱해지는 수가 모두 −1인 경우입니다. 이런 경우엔 주로 괄호 안의 첫째 항만 반대 부호로 바꿔 주고 둘째 항은 원래 부호로 그대로 두는 오류를 보입니다. $-(a + b) = -a - b$가 되고 $-(2a + b) = -2a - b$가 됨을 기억합시다. $-(a + b) - (2a + b) = -a - b - 2a - b = -3a - 2b$가 정답입니다.

오늘 우리가 함께 공부한 것을 혼자서도 할 수 있는지 체크해 봅시다. 혼자서도 할 수 있으면 👍, 선생님의 도움이 더 필요하다면 ❓에 동그라미로 표시하세요.

배움 체크 리스트	👍	❓
1. 정수의 사칙연산 방법을 이해하고 적용할 수 있습니다.		
2. 다항식과 수의 곱셈, 다항식과 수의 나눗셈 방법을 이해하고 적용할 수 있습니다.		
3. 항의 의미를 이해하고 동류항을 찾을 수 있습니다.		
4. 사칙연산이 포함된 혼합셈은 분배법칙을 적용하여 괄호 안의 일차식과 숫자의 곱셈 또는 나눗셈을 먼저 한다는 것을 이해하고 적용할 수 있습니다.		
5. 괄호가 있는 일차식 앞에 뺄셈 기호가 있거나 일차식이 음수와 곱해질 경우, 뺄셈 기호는 덧셈 기호로 바꾸어 주고, 빼는 식 안에 있는 모든 항의 부호를 모두 반대 부호로 바꾼다는 것을 이해하고 적용할 수 있습니다.		
6. 괄호를 풀고 나면 동류항끼리 덧셈이나 뺄셈을 한다는 것을 이해하고 적용할 수 있습니다.		
7. 동류항끼리 덧셈과 뺄셈을 할 수 있고, 동류항끼리 셈의 결과를 이용하여 다항식을 표기하는 방법을 이해하고 적용할 수 있습니다(예: 동류항끼리 계산하여 $3a$와 $2b$를 얻은 후, $3a + 2b$라고 답할 수 있습니다).		

오늘 배운 것을 기억하면서 문제를 혼자 풀어 보는 시간입니다. 내비게이션 3.9 를 사용하면 도움이 됩니다.

✎ **다음 식을 간단히 하시오.**

1. $2y + y$

Level 3
9차시

2. $(3a + 5) - (a - 3)$

3. $(a + b) + (5a - 4b)$

4. $(-6x - 3y + 5) - (4x - 5y - 3)$

5. $(-2x + 2y) - (3x - 5y)$

6. $(-3a + 2b - 5) + (4a - 5b + 4)$

7. $(5x - 3y + 2) - (-2x + y - 5)$

이차식의 덧셈과 뺄셈

사전평가(1~7)

✎ 다음 식을 간단히 나타내시오.

1. $(a + 2b) + (4a - 5b)$

2. $(5x - 2y + 6) - (3x - 3y - 2)$

3. $(4a^2 + 3a - 2) + (2a^2 - 4a + 3)$

4. $(x^2 + 7x) + 2(3x^2 - 5x)$

5. $(2a^2 + 5a - 5) - (a^2 - 3a + 5)$

6. $(4x^2 + 6) - (x^2 + 2x + 2)$

7. $12(\dfrac{3}{4}a^2 + \dfrac{5}{3}a - 2) - 4(\dfrac{3}{2}a^2 - \dfrac{1}{4}a + \dfrac{1}{2})$

✎ 다음 식을 계산하시오.

❶ $(a^2 + 2a - 3) + (3a^2 - 5a + 2)$

1. 1단계: 분배법칙을 적용하여 괄호 앞의 계수와 이차식의 곱셈 계산하기
- 이 문제에는 숫자와 이차식의 곱셈이 없다.

2. 2단계: 괄호 풀어 주기 ← 덧셈은 괄호만 풀어 그대로 쓰고, 뺄셈은 뺄셈 기호를 덧셈 기호로 바꾸고, 빼는 이차식의 모든 항의 부호를 반대 부호로 바꿈

$\rightarrow (a^2 + 2a - 3) + (3a^2 - 5a + 2) = a^2 + 2a - 3 + 3a^2 - 5a + 2$

3. 3단계: 동류항끼리 모아 주기

$\rightarrow a^2 + 2a - 3 + 3a^2 - 5a + 2 = a^2 + 3a^2 + 2a - 5a - 3 + 2$

← a^2과 $3a^2$, $2a$와 $-5a$, -3과 2가 동류항

4. 4단계: 동류항 계산하기

$\rightarrow a^2 + 3a^2 + 2a - 5a - 3 + 2 = (1 + 3)a^2 + (2 - 5)a + (-3 + 2)$

$= 4a^2 - 3a - 1$

5. 5단계: 계산 결과 쓰기 ← 문자항은 차수가 큰 것부터 쓰고, 상수항은 가장 마지막에 씀

$\rightarrow 4a^2 - 3a - 1$

Level 3
10차시

❷ $2(a^2 + 2a - 3) + (a^2 - 2a + 4)$

1. 1단계: 분배법칙을 적용하여 괄호 앞의 계수와 이차식의 곱셈 계산하기

$\rightarrow 2(a^2 + 2a - 3) = 2a^2 + 4a - 6$

2. 2단계: 괄호 풀어 주기 ← 덧셈은 괄호만 풀고 그대로 쓰고, 뺄셈은 뺄셈 기호를 덧셈 기호로 바꾸고, 빼는 이차식의 모든 항의 부호를 반대 부호로 바꿈

$\rightarrow 2(a^2 + 2a - 3) + (a^2 - 2a + 4) = 2a^2 + 4a - 6 + a^2 - 2a + 4$

3. 3단계: 동류항끼리 모아 주기

$\rightarrow 2a^2 + 4a - 6 + a^2 - 2a + 4 = 2a^2 + a^2 + 4a - 2a - 6 + 4$

← $2a^2$과 a^2, $4a$와 $-2a$, -6과 4가 동류항

4. 4단계: 동류항 계산하기

$\rightarrow 2a^2 + a^2 + 4a - 2a - 6 + 4 = (2 + 1)a^2 + (4 - 2)a + (-6 + 4)$

$= 3a^2 + 2a - 2$

5. 5단계: 계산 결과 쓰기 ← 문자항은 차수가 큰 것부터 쓰고, 상수항은 가장 마지막에 씀

$\rightarrow 3a^2 + 2a - 2$

❸ $(4x^2 - 6x + 9) - 3(x^2 - 4x + 2)$

1. 1단계: 분배법칙을 적용하여 괄호 앞의 계수와 이차식의 곱셈 계산하기

$\rightarrow 3(x^2 - 4x + 2) = 3x^2 - 12x + 6$

2. 2단계: 괄호 풀어 주기 ← 덧셈은 괄호만 풀고 그대로 쓰고, 뺄셈은 뺄셈 기호를 덧셈 기호로 바꾸고, 빼는 이차식의 모든 항의 부호를 반대 부호로 바꿈

$\rightarrow 4x^2 - 6x + 9 - (3x^2 - 12x + 6) = 4x^2 - 6x + 9 - 3x^2 + 12x - 6$

3. 3단계: 동류항끼리 모아 주기

$\rightarrow 4x^2 - 6x + 9 - 3x^2 + 12x - 6 = 4x^2 - 3x^2 - 6x + 12x + 9 - 6$

← $4x^2$과 $-3x^2$, $-6x$와 $12x$, 9와 -6이 동류항

4. 4단계: 동류항 계산하기

$\rightarrow 4x^2 - 3x^2 - 6x + 12x + 9 - 6 = (4 - 3)x^2 + (-6 + 12)x + (9 - 6)$

$= x^2 + 6x + 3$

Level 3
10차시

5. 5단계: 계산 결과 쓰기 ← 문자항은 차수가 큰 것부터 쓰고, 상수항은 가장 마지막에 씀

$\rightarrow x^2 + 6x + 3$

◆ 다음 식을 간단히 하시오(선생님과 문제를 푸는 동안 문제 풀이를 아래에 적어 보세요).

1 $(5x^2 - 4x + 2) + (2x^2 + 3x - 4)$

1. 1단계: 분배법칙을 적용하여 괄호 앞의 계수와 이차식의 곱셈 계산하기

2. 2단계: 괄호 풀어 주기 ← 덧셈은 괄호만 풀고 그대로 쓰고, 뺄셈은 뺄셈 기호를 덧셈 기호로 바꾸고, 빼는 이차식의 모든 항의 부호를 반대 부호로 바꿈

3. 3단계: 동류항끼리 모아 주기

동류항

동류항끼리 이웃하게 한 식

4. 4단계: 동류항 계산하기

5. 5단계: 계산 결과 쓰기 ← 문자항은 차수가 큰 것부터 쓰고, 상수항은 가장 마지막에 씀

정답

② $(-2a^2 + a - 5) - (3a^2 + 2a - 6)$

1. 1단계: 분배법칙을 적용하여 괄호 앞의 계수와 이차식의 곱셈 계산하기

2. 2단계: 괄호 풀어 주기 ← 덧셈은 괄호만 풀고 그대로 쓰고, 뺄셈은 뺄셈 기호를 덧셈 기호로 바꾸고, 빼는 이차식의 모든 항의 부호를 반대 부호로 바꿈

3. 3단계: 동류항끼리 모아 주기

동류항

동류항끼리 이웃하게 한 식

4. 4단계: 동류항 계산하기

5. 5단계: 계산 결과 쓰기 ← 문자항은 차수가 큰 것부터 쓰고, 상수항은 가장 마지막에 씀

정답

❸ $(4x^2 - 5x + 1) - 2(-3x^2 - x - 1)$

1. 1단계: 분배법칙을 적용하여 괄호 앞의 계수와 이차식의 곱셈 계산하기

2. 2단계: 괄호 풀어 주기 ← 덧셈은 괄호만 풀고 그대로 쓰고, 뺄셈은 뺄셈 기호를 덧셈 기호로 바꾸고, 빼는 이차식의 모든 항의 부호를 반대 부호로 바꿈

3. 3단계: 동류항끼리 모아 주기

동류항

동류항끼리 이웃하게 한 식

4. 4단계: 동류항 계산하기

Level 3
10차시

5. 5단계: 계산 결과 쓰기 ← 문자항은 차수가 큰 것부터 쓰고, 상수항은 가장 마지막에 씀

정답

❶ $(x^2 + 3x + 4) - 2(2x^2 - x + 1)$을 계산할 때 혼동되는 점은 무엇입니까?

이 문제는 이차식의 뺄셈 문제인데, 뺄셈을 하기 전에 먼저 괄호 앞의 계수 2와 빼는 이차식의 곱셈을 분배법칙을 적용하여 정리해야 하는 문제입니다. 괄호 앞의 계수 2와 빼는 이차식의 곱셈을 하면 $2(2x^2 - x + 1)$ $= 4x^2 - 2x + 2$가 됩니다. 이제 $(x^2 + 3x + 4) - (4x^2 - 2x + 2)$를 계산하면 $x^2 + 3x + 4 - 4x^2 + 2x - 2 = -3x^2 + 5x + 2$가 됩니다. 뺄셈에서는 빼는 이차식의 모든 항의 부호가 반대 부호로 바뀐다는 것을 기억합시다.

❷ $(4x^2 + 4) - (2x^2 - x + 2)$를 계산할 때 혼동되는 점은 무엇입니까?

이 문제는 이차식의 뺄셈 문제인데, 빠지는 식과 빼는 식에 포함된 항의 종류가 같지 않은 경우입니다. 즉, 빼는 식에는 x의 일차항이 있는데, 빠지는 식에는 x의 일차항이 없습니다. 괄호를 풀고 동류항을 정리하여 뺄셈을 할 때, 동류항이 없는 항을 어떻게 해야 할지 몰라 혼동하는 경우가 있습니다. 동류항이 없는 항은 그 항이 곧 뺄셈의 결과가 됩니다. 괄호를 풀고 뺄셈 기호를 적용하면 $(4x^2 + 4) - (2x^2 - x + 2) = 4x^2 + 4 - 2x^2$ $+ x - 2 = (4 - 2)x^2 + (0 + 1)x + (4 - 2) = 2x^2 + x + 2$가 됩니다.

배움 체크하기 ....

오늘 우리가 함께 공부한 것을 혼자서도 할 수 있는지 체크해 봅시다. 혼자서도 할 수 있으면 👍, 선생님의 도움이 더 필요하다면 ❓에 동그라미로 표시하세요.

배움 체크 리스트	👍	❓
1. 다항식과 수의 곱셈 방법을 이해하고 적용할 수 있습니다.		
2. 일차식의 덧셈과 뺄셈 방법을 이해하고 적용할 수 있습니다.		
3. 이차항, 일차항, 상수항의 의미를 이해하고 동류항을 찾을 수 있습니다.		
4. 이차식의 의미를 이해하고 이차식을 찾을 수 있습니다.		
5. 이차식의 덧셈과 뺄셈을 하려면, 먼저 분배법칙을 적용하여 숫자와 괄호 안의 이차식을 곱하여 식들을 정리해야 한다는 것을 이해하고 적용할 수 있습니다.		
6. 이차식의 뺄셈에서는 뺄셈 기호를 덧셈 기호로 바꾸고, 빼는 이차식의 모든 항의 부호를 반대 부호로 바꿔 준다는 것을 이해하고 적용할 수 있습니다.		
7. 괄호를 풀고 나면 이차항은 이차항끼리, 일차항은 일차항끼리, 상수항은 상수항끼리 덧셈이나 뺄셈을 한다는 것을 이해하고 적용할 수 있습니다.		

Level 3
10차시

오늘 배운 것을 기억하면서 문제를 혼자 풀어 보는 시간입니다. 내비게이션 3.10 을 사용하면 도움이 됩니다.

다음 식을 계산하시오.

1. $(2a + b) + (3a - 4b)$

2. $(3x - 5y + 3) - (2x - y - 2)$

3. $(2a^2 + 5a - 3) + (a^2 - 3a + 5)$

4. $(x^2 + 4x) + 3(2x^2 - 3x)$

5. $(3a^2 + 2a - 1) - (2a^2 - 5a + 3)$

6. $(3x^2 + 5) - (2x^2 + x + 3)$

Level 3

10차시

7. $12(\dfrac{5}{4}a^2 + \dfrac{2}{3}a - 1) - 6(\dfrac{1}{2}a^2 - \dfrac{5}{3}a + \dfrac{3}{2})$

11차시

단항식과 다항식의 곱셈을 포함하는 식의 덧셈과 뺄셈

✎ 다음 식을 간단히 하시오.

1. $2(2a + 3)$

2. $(-2a) \times (a^2)$

3. $3a(a + 2)$

4. $(-5x - 2y)2x$

5. $-3x(4x + 3y) + 2x(x + y)$

6. $(-2a + 6)5a - 3(4a - 2)$

7. $4x(-3x + y - 6) - 3y(x - y)$

◆ 다음 식을 간단히 하시오.

1 $3a(2a - 5b)$

1. 1단계: 뺄셈식은 덧셈식으로 변경 ← 뺄셈 기호를 덧셈 기호로, 두 번째 괄호식 앞
   의 단항식의 부호를 음의 부호로 변경
   ● 이 문제는 단항식과 다항식의 곱셈식이 한 개뿐인 식이므로 식을 전개한
     후 덧셈이나 뺄셈이 필요하지 않다.

2. 2단계: 분배법칙을 적용하여 단항식과 다항식의 곱셈식 전개
   $$\rightarrow 3a \times (2a - 5b) = 3a \times 2a + 3a \times (-5b)$$

3. 3단계: 각 항 정리 ← 교환법칙과 결합법칙을 이용하여 숫자는 숫자끼리, 문자는 문자
   끼리 이웃하게 한 후 곱셈
   $$\rightarrow 3a \times (2a - 5b) = 3a \times 2a + 3a \times (-5b)$$
   $$= 3 \times 2 \times a \times a + 3 \times (-5) \times a \times b = 6a^2 - 15ab$$

Level 3
11차시

4. 4단계: 두 전개식의 덧셈 ← 동류항끼리 덧셈하여 차수가 큰 항부터 답을 씀
   ● $6a^2 - 15ab$가 답이다.

② $-2x(6x + 3y - 5) + x(2x + 3)$

1. 1단계: 뺄셈식은 덧셈식으로 변경 ← 뺄셈 기호를 덧셈 기호로, 두 번째 괄호식 앞의 단항식의 부호를 음의 부호로 변경

- 이 문제는 덧셈식이므로 1단계가 필요하지 않다.

2. 2단계: 분배법칙을 적용하여 단항식과 다항식의 곱셈식 전개

$\rightarrow -2x(6x + 3y - 5) = -2x \times 6x + -2x \times 3y + -2x \times (-5)$

$\rightarrow x(2x + 3) = x \times 2x + x \times 3$

3. 3단계: 각 항 정리 ← 교환법칙과 결합법칙을 이용하여 숫자는 숫자끼리, 문자는 문자끼리 이웃하게 한 후 곱셈

$\rightarrow -2x \times 6x + -2x \times 3y + -2x \times (-5)$

$= -2 \times 6 \times x \times x + -2 \times 3 \times x \times y + -2 \times -5 \times x$

$= -12x^2 - 6xy + 10x$

$\rightarrow x \times 2x + x \times 3 = 1 \times 2 \times x \times x + x \times 3 = 2x^2 + 3x$

4. 4단계: 두 전개식의 덧셈 ← 동류항끼리 덧셈하여 차수가 큰 항부터 답을 씀

$$\rightarrow \quad -2x \times (6x + 3y - 5) = -12x^2 - 6xy + 10x$$
$$+ \quad \underline{ x \times (2x + 3) \quad = \quad 2x^2 + 3x}$$
$$= -10x^2 - 6xy + 13x$$

❸ $2x(5x + 3y) - x(3x + 2y)$

1. 1단계: 뺄셈식은 덧셈식으로 변경 ← 뺄셈 기호를 덧셈 기호로, 두 번째 괄호식 앞

의 단항식의 부호를 음의 부호로 변경

$\rightarrow 2x(5x + 3y) - x(3x + 2y) = 2x(5x + 3y) + -x(3x + 2y)$

2. 2단계: 분배법칙을 적용하여 단항식과 다항식의 곱셈식 전개

$\rightarrow 2x \times (5x + 3y) = 2x \times 5x + 2x \times 3y$

$\rightarrow -x \times (3x + 2y) = -x \times 3x + -x \times 2y$

3. 3단계: 각 항 정리 ← 교환법칙과 결합법칙을 이용하여 숫자는 숫자끼리, 문자는 문자

끼리 이웃하게 한 후 곱셈

$\rightarrow 2x \times (5x + 3y) = 2x \times 5x + 2x \times 3y$

$= 2 \times 5 \times x \times x + 2 \times 3 \times x \times y = 10x^2 + 6xy$

$\rightarrow -x \times (3x + 2y) = -x \times 3x + -x \times 2y$

$= -1 \times 3 \times x \times x + -1 \times 2 \times x \times y = -3x^2 - 2xy$

Level 3
11차시

4. 4단계: 두 전개식의 덧셈 ← 동류항끼리 덧셈하여 차수가 큰 항부터 답을 씀

$\rightarrow \quad\quad 2x \times (5x + 3y) = 10x^2 + 6xy$

$+ \quad \underline{-x \times (3x + 2y) = -3x^2 - 2xy}$

$= 7x^2 + 4xy$

✏️ 다음 식을 간단히 하시오(선생님과 문제를 푸는 동안 문제 풀이를 아래에 적어 보세요).

❶ $-2y(2x + 3y - 4)$

   1. 1단계: 뺄셈식은 덧셈식으로 변경 ← 뺄셈 기호를 덧셈 기호로, 두 번째 괄호식 앞의 단항식의 부호를 음의 부호로 변경

   2. 2단계: 분배법칙을 적용하여 단항식과 다항식의 곱셈식 전개

   3. 3단계: 각 항 정리 ← 교환법칙과 결합법칙을 이용하여 숫자는 숫자끼리, 문자는 문자끼리 이웃하게 한 후 곱셈

   4. 4단계: 두 전개식의 덧셈 ← 동류항끼리 덧셈하여 차수가 큰 항부터 답을 씀

      정답

❷ $a(-2a + 1) - 2a(3a + 2)$

1. 1단계: 뺄셈식은 덧셈식으로 변경 ← 뺄셈 기호를 덧셈 기호로, 두 번째 괄호식 앞
   의 단항식의 부호를 음의 부호로 변경

2. 2단계: 분배법칙을 적용하여 단항식과 다항식의 곱셈식 전개

3. 3단계: 각 항 정리 ← 교환법칙과 결합법칙을 이용하여 숫자는 숫자끼리, 문자는 문자
   끼리 이웃하게 한 후 곱셈

Level 3
11차시

4. 4단계: 두 전개식의 덧셈 ← 동류항끼리 덧셈하여 차수가 큰 항부터 답을 씀

   정답

❸ $x(4x - 5y) - y(-3x - y)$

1. 1단계: 뺄셈식은 덧셈식으로 변경 ← 뺄셈 기호를 덧셈 기호로, 두 번째 괄호식 앞
   의 단항식의 부호를 음의 부호로 변경

2. 2단계: 분배법칙을 적용하여 단항식과 다항식의 곱셈식 전개

3. 3단계: 각 항 정리 ← 교환법칙과 결합법칙을 이용하여 숫자는 숫자끼리, 문자는 문자
   끼리 이웃하게 한 후 곱셈

4. 4단계: 두 전개식의 덧셈 ← 동류항끼리 덧셈하여 차수가 큰 항부터 답을 씀

   정답

❶ $(-3a + b)2a$를 간단히 정리할 때 혼동되는 점은 무엇입니까?

주어진 문제는 단항식이 괄호 앞에 있지 않고 괄호 뒤에 있는 문제입니다. 단항식이 다항식 뒤에 있는 경우에는 단항식을 다항식의 첫째 항이나 둘째 항 둘 중에 하나에만 곱하여 분배법칙에 오류를 보이는 경우가 있습니다. 다항식 × 단항식을 전개하는 방법은 단항식 × 다항식을 전개하는 방법과 같습니다. 곱셈의 교환법칙($ba = ab$)을 적용하면, 주어진 문제는 $(-3a + b)2a = 2a(-3a + b)$와 같습니다. 따라서 $(-3a + b)2a = 2a(-3a + b) = -6a^2 + 2ab$가 됩니다.

Level 3
11차시

❷ $-3a - a(2a + 1)$을 간단히 정리할 때 혼동되는 점은 무엇입니까?

이 문제는 첫 번째 식은 괄호가 없으므로 전개가 필요하지 않고, 괄호가 있는 두 번째 식만 전개가 필요한 경우입니다. 첫 번째 식과 두 번째 식 둘 다 괄호가 있는 문제를 풀다가 이런 문제를 접하게 되면 $-3a$를 어떻게 처리해야 할지 몰라서 당황하는 경우가 있습니다. 이 문제에서는 두 번째 식을 먼저 전개하고 첫 번째 식인 $-3a$와 두 번째 식인 $-a(2a + 1)$의 덧셈을 합니다. 두 번째 식을 전개하면 $-a(2a + 1) = -2a^2 - a$가 됩니다. 첫 번째 식과 두 번째 식의 전개식을 덧셈하면 주어진 식은,

$$-3a \qquad = \qquad -3a$$
$$+ \quad \underline{-a(2a + 1) = -2a^2 - a}$$
$$= -2a^2 - 4a가 됩니다.$$

오늘 우리가 함께 공부한 것을 혼자서도 할 수 있는지 체크해 봅시다. 혼자서도 할 수 있으면 👍, 선생님의 도움이 더 필요하다면 ❓에 동그라미로 표시하세요.

배움 체크 리스트	👍	❓
1. 수와 다항식의 곱셈 방법을 이해하고 적용할 수 있습니다.		
2. 항의 의미를 이해하고, 다항식에서 항을 찾을 수 있습니다.		
3. 문자의 곱셈에 적용할 수 있는 지수법칙을 이해하고 적용할 수 있습니다.		
4. 단항식과 다항식의 곱셈은 분배법칙을 적용하여 괄호 밖의 단항식을 괄호 안의 다항식의 각 항에 곱한다는 것을 이해하고 적용할 수 있습니다.		
5. 문자와 숫자가 있는 항들을 곱할 때는 문자는 문자끼리, 숫자는 숫자끼리 곱한다는 것을 이해하고 적용할 수 있습니다.		
6. 두 개 이상의 단항식과 다항식의 곱셈식을 더할 때는 각 단항식과 다항식의 곱셈식을 전개한 후 동류항끼리 덧셈한다는 것을 이해하고 적용할 수 있습니다.		
7. 두 개 이상의 단항식과 다항식의 곱셈식의 뺄셈 문제는 뺄셈 기호를 덧셈 기호로 바꾸고 두 번째 괄호 앞 단항식의 부호를 음의 부호로 바꿔 뺄셈 문제를 덧셈 문제로 바꾼 후, 덧셈 문제로 푼다는 것을 이해하고 적용할 수 있습니다.		

Level 3
11차시

오늘 배운 것을 기억하면서 문제를 혼자 풀어 보는 시간입니다. 내비게이션 3.11 을 사용하면 도움이 됩니다.

다음 식을 간단히 하시오.

1. $-3(a + 2)$

2. $(-4a) \times (a^3)$

3. $2a(3a + 4)$

4. $(-4x - 3y)5x$

5. $-2x(3x + 5y - 1) + x(x + 4y)$

6. $(-3a + 4)4a - 5(a + 4)$

Level 3
11차시

7. $7x(-2x + y - 5) - y(2x - 3y)$

다항식과 단항식의 나눗셈을 포함하는 식의 덧셈과 뺄셈

사전평가(1~7) ·······························

◆ 다음 식을 간단히 하시오.

1. $(9a + 3b) \div -3$

2. $(-2a^5) \div (a^2)$

3. $(-12ab + 2b) \div -2b$

4. $(25x^5 + 15x^3) \div 5x^2$

5. $(12x^3y^3 - 3xy) \div (-3xy)$

6. $(-12a^5b + 6ab^2) \div 3ab - (4a^2 - 2a) \div 2a$

7. $(24y^3 - 18xy^2) \div 6y^2 - (x^2y - xy) \div y$

◆ 다음 식을 간단히 하시오.

1 $(5ab^4 - 10b^3) \div 5b^2$

1. 1단계: 뺄셈식은 덧셈식으로 변경 ← 뺄셈 기호를 덧셈 기호로, 두 번째 괄호 뒤의

   제수 부호를 반대 부호로 변경

   - 이 문제는 다항식과 단항식의 나눗셈식이 한 개뿐인 식이므로 1단계가

     필요하지 않다.

2. 2단계: 나눗셈식을 곱셈식으로 변경 ← 나눗셈 기호를 곱셈 기호로 변경하고, 제

   수 대신 제수의 역원을 곱해 줌

   $\rightarrow (5ab^4 - 10b^3) \div 5b^2$

   $= (5ab^4 - 10b^3) \times \dfrac{1}{5b^2}$

Level 3
12차시

3. 3단계: 분배법칙을 적용하여 단항식과 다항식의 곱셈식 전개

   $\rightarrow (5ab^4 - 10b^3) \times \dfrac{1}{5b^2} = 5ab^4 \times \dfrac{1}{5b^2} - 10b^3 \times \dfrac{1}{5b^2}$

4. 4단계: 각 항 정리 ← 숫자는 숫자끼리, 문자는 밑이 같은 문자끼리 나눗셈

   $\rightarrow 5ab^4 \times \dfrac{1}{5b^2} - 10b^3 \times \dfrac{1}{5b^2} = \dfrac{5ab^4}{5b^2} - \dfrac{10b^3}{5b^2}$

   $= ab^2 - 2b$

5. 5단계: 두 전개식의 덧셈 ← 동류항끼리 덧셈하여 차수가 큰 항부터 답을 씀

- 다항식과 단항식의 나눗셈식이 한 개뿐인 식이므로 이 단계가 필요하지 않다. 답은 $ab^2 - 2b$이다.

❷ $(6x^3 + 3x^2) \div x + (14x^4y + 7x^3y) \div 7x^2y$

1. 1단계: **뺄셈식은 덧셈식으로 변경** ← 뺄셈 기호를 덧셈 기호로, 두 번째 괄호 뒤의 제수 부호를 반대 부호로 변경

- 주어진 문제는 다항식과 단항식의 나눗셈식의 덧셈 문제이므로 1단계가 필요하지 않다.

2. 2단계: 나눗셈식을 곱셈식으로 변경 ← 나눗셈 기호를 곱셈 기호로 변경하고, 제수 대신 제수의 역원을 곱해 줌

$$\rightarrow (6x^3 + 3x^2) \div x + (14x^4y + 7x^3y) \div 7x^2y$$
$$= (6x^3 + 3x^2) \times \frac{1}{x} + (14x^4y + 7x^3y) \times \frac{1}{7x^2y}$$

3. 3단계: 분배법칙을 적용하여 단항식과 다항식의 곱셈식 전개

$$\rightarrow (6x^3 + 3x^2) \times \frac{1}{x} = 6x^3 \times \frac{1}{x} + 3x^2 \times \frac{1}{x}$$
$$\rightarrow (14x^4y + 7x^3y) \times \frac{1}{7x^2y} = 14x^4y \times \frac{1}{7x^2y} + 7x^3y \times \frac{1}{7x^2y}$$

4. 4단계: 각 항 정리 ← 숫자는 숫자끼리, 문자는 밑이 같은 문자끼리 나눗셈

$$\rightarrow 6x^3 \times \frac{1}{x} + 3x^2 \times \frac{1}{x} = \frac{6x^3}{x} + \frac{3x^2}{x} = 6x^2 + 3x$$

$$\rightarrow 14x^4y \times \frac{1}{7x^2y} + 7x^3y \times \frac{1}{7x^2y} = \frac{14x^4y}{7x^2y} + \frac{7x^3y}{7x^2y} = 2x^2 + x$$

5. 5단계: 두 전개식의 덧셈 ← 동류항끼리 덧셈하여 차수가 큰 항부터 답을 씀

$$
\begin{array}{r}
6x^2 + 3x \\
+\ \ 2x^2 + \ x \\
\hline
=\ \ 8x^2 + 4x
\end{array}
$$

❸ $(12x^5 + 6x^3) \div 3x^2 - (9x^2y^2 - 3x^3y) \div xy$

1. 1단계: 뺄셈식은 덧셈식으로 변경 ← 뺄셈 기호를 덧셈 기호로, 두 번째 괄호 뒤의

제수 부호를 반대 부호로 변경

$$\rightarrow (12x^5 + 6x^3) \div 3x^2 - (9x^2y^2 - 3x^3y) \div xy$$

$$= (12x^5 + 6x^3) \div 3x^2 + (9x^2y^2 - 3x^3y) \div (-xy)$$

2. 2단계: 나눗셈식을 곱셈식으로 변경 ← 나눗셈 기호를 곱셈 기호로 변경하고, 제

수 대신 제수의 역원을 곱해 줌

$$\rightarrow (12x^5 + 6x^3) \div 3x^2 + (9x^2y^2 - 3x^3y) \div (-xy)$$

$$= (12x^5 + 6x^3) \times \frac{1}{3x^2} + (9x^2y^2 - 3x^3y) \times \frac{-1}{xy}$$

3. 3단계: 분배법칙을 적용하여 단항식과 다항식의 곱셈식 전개

$$\rightarrow (12x^5 + 6x^3) \times \frac{1}{3x^2} = 12x^5 \times \frac{1}{3x^2} + 6x^3 \times \frac{1}{3x^2}$$

$$\rightarrow (9x^2y^2 - 3x^3y) \times \frac{-1}{xy} = 9x^2y^2 \times \frac{-1}{xy} - 3x^3y \times \frac{-1}{xy}$$

4. 4단계: 각 항 정리 ← 숫자는 숫자끼리, 문자는 밑이 같은 문자끼리 나눗셈

$$\rightarrow 12x^5 \times \frac{1}{3x^2} + 6x^3 \times \frac{1}{3x^2} = \frac{12x^5}{3x^2} + \frac{6x^3}{3x^2}$$

$$= 4x^3 + 2x$$

$$\rightarrow 9x^2y^2 \times \frac{-1}{xy} - 3x^3y \times \frac{-1}{xy} = \frac{-9x^2y^2}{xy} - \frac{-3x^3y}{xy}$$

$$= -9xy - (-3x^2) = -9xy + 3x^2$$

5. 5단계: 두 전개식의 덧셈 ← 동류항끼리 덧셈하여 차수가 큰 항부터 답을 씀

$$\rightarrow \quad 4x^3 \qquad\qquad + 2x$$

$$+ \qquad\quad 3x^2 - 9xy$$

$$\overline{}$$

$$= 4x^3 + 3x^2 - 9xy + 2x$$

✏️ 다음 식을 간단히 하시오(선생님과 문제를 푸는 동안 문제 풀이를 아래에 적어 보세요).

❶ $(4a^2b^4 - 6ab^3) \div 2ab^2$

1. 1단계: 뺄셈식은 덧셈식으로 변경 ← 뺄셈 기호를 덧셈 기호로, 두 번째 괄호 뒤의 제수 부호를 반대 부호로 변경

2. 2단계: 나눗셈식을 곱셈식으로 변경 ← 나눗셈 기호를 곱셈 기호로 변경하고, 제수 대신 제수의 역원을 곱해 줌

3. 3단계: 분배법칙을 적용하여 단항식과 다항식의 곱셈식 전개

4. 4단계: 각 항 정리 ← 숫자는 숫자끼리, 문자는 밑이 같은 문자끼리 나눗셈

Level 3
12차시

5. 5단계: 두 전개식의 덧셈 ← 동류항끼리 덧셈하여 차수가 큰 항부터 답을 씀

정답

❷ $(-12a^4 + 4a^2) \div (-a) + (3a^4 - a^2) \div a^2$

1. 1단계: 뺄셈식은 덧셈식으로 변경 ← 뺄셈 기호를 덧셈 기호로, 두 번째 괄호 뒤의 제수 부호를 반대 부호로 변경

2. 2단계: 나눗셈식을 곱셈식으로 변경 ← 나눗셈 기호를 곱셈 기호로 변경하고, 제수 대신 제수의 역원을 곱해 줌

3. 3단계: 분배법칙을 적용하여 단항식과 다항식의 곱셈식 전개

4. 4단계: 각 항 정리 ← 숫자는 숫자끼리, 문자는 밑이 같은 문자끼리 나눗셈

5. 5단계: 두 전개식의 덧셈 ← 동류항끼리 덧셈하여 차수가 큰 항부터 답을 씀

   정답

❸ $(20x^3y^2 - 16x^4) \div (-4x^2) - (x^2y^4 - 3x^3y^2) \div xy^2$

1. 1단계: 뺄셈식은 덧셈식으로 변경 ← 뺄셈 기호를 덧셈 기호로, 두 번째 괄호 뒤의
   제수 부호를 반대 부호로 변경

2. 2단계: 나눗셈식을 곱셈식으로 변경 ← 나눗셈 기호를 곱셈 기호로 변경하고, 제수
   대신 제수의 역원을 곱해 줌

3. 3단계: 분배법칙을 적용하여 단항식과 다항식의 곱셈식 전개

4. 4단계: 각 항 정리 ← 숫자는 숫자끼리, 문자는 밑이 같은 문자끼리 나눗셈

5. 5단계: 두 전개식의 덧셈 ← 동류항끼리 덧셈하여 차수가 큰 항부터 답을 씀

정답

❶ $(-3a^2 + a) \div \dfrac{1}{a}$을 간단히 정리할 때 혼동되는 점은 무엇입니까?

다항식과 단항식의 나눗셈을 할 때는 나눗셈 기호를 곱셈 기호로 바꾸고 제수의 역수를 곱해 주는데, 주어진 문제는 제수가 분수인 경우입니다. 분수의 역수는 분모와 분자에 있는 값을 서로 바꿔 주면 됩니다. $\dfrac{1}{a}$의 역수는 $\dfrac{a}{1} = a$입니다. 따라서 주어진 문제를 간단히 정리하면 $(-3a^2 + a) \div \dfrac{1}{a} = (-3a^2 + a) \times a = -3a^3 + a^2$이 됩니다.

❷ $(2a^4 + a) \div b^2$을 간단히 정리할 때 혼동되는 점은 무엇입니까?

주어진 문제는 나눗셈식을 곱셈식으로 고치고[$(2a^4 + a) \div b^2 = (2a^4 + a) \times \dfrac{1}{b^2}$] 분배법칙을 적용하여 괄호를 풀었을 때[$(2a^4 + a) \times \dfrac{1}{b^2} = 2a^4 \times \dfrac{1}{b^2} + a \times \dfrac{1}{b^2} = \dfrac{2a^4}{b^2} + \dfrac{a}{b^2}$], 각 항의 분모와 분자에 공통인수가 없어서 (문자가 달라서) 더 이상 간단히 정리되지 않는 경우입니다. 분모와 분자의 문자가 다를 경우에는 지수법칙을 적용할 수 없으므로 $\dfrac{2a^4}{b^2} + \dfrac{a}{b^2}$가 답이 됩니다.

오늘 우리가 함께 공부한 것을 혼자서도 할 수 있는지 체크해 봅시다. 혼자서도 할 수 있으면 👍, 선생님의 도움이 더 필요하다면 ❓에 동그라미로 표시하세요.

배움 체크 리스트	👍	❓
1. 다항식과 수의 나눗셈 방법을 이해하고 적용할 수 있습니다.		
2. 거듭제곱으로 나타낸 문자식을 지수법칙을 적용하여 나눗셈할 수 있습니다.		
3. 곱셈의 역원을 사용하여 나눗셈식을 곱셈식으로 변경하는 방법을 이해하고 적용할 수 있습니다.		
4. 다항식과 단항식의 나눗셈은 나눗셈 기호를 곱셈으로 바꾸고 제수인 단항식의 역수를 곱하여 계산한다는 것을 이해하고 적용할 수 있습니다.		
5. 나눗셈식을 곱셈식으로 변경한 후에는 분배법칙을 적용하여 전개한다는 것을 이해하고 적용할 수 있습니다.		
6. 문자가 포함된 항들 간의 나눗셈은 숫자는 숫자끼리, 문자는 같은 문자끼리 지수법칙을 적용하여 정리한다는 것을 이해하고 적용할 수 있습니다.		
7. 두 나눗셈식의 뺄셈 문제는 뺄셈 기호를 덧셈 기호로 바꾸고, 두 번째 나눗셈식의 제수의 부호를 음의 부호로 바꿔 덧셈식으로 만들어 계산한다는 것을 이해하고 적용할 수 있습니다.		

Level 3

12차시

오늘 배운 것을 기억하면서 문제를 혼자 풀어 보는 시간입니다. 내비게이션 3.12 를 사용하면 도움이 됩니다.

✎ 다음 식을 간단히 하시오.

1. $(6a + 18b) \div -3$

2. $(-8a^7) \div (2a^4)$

3. $(-21ab + 7b) \div -7b$

4. $(45x^5 + 18x^3) \div 9x^2$

5. $(15x^5y^3 - 21x^2y) \div (-3x^2y)$

6. $(-9a^5b + 27ab^2) \div 3ab - (2a^2 - 4a) \div 2a$

Level 3

12차시

7. $(24y^4 - 18x^2y^3) \div 6y^2 - (x^2y^3 - x^4y^3) \div x^2y$

다항식과 다항식의 곱셈

사전평가(1~7)

다음 식을 간단히 하시오.

1. $3a \times (a + 2b)$

2. $(2x + 5) \times -3x$

3. $(x - 4)(2y + 5)$

4. $(-2a + b)(c + 2d)$

5. $(2x - 5)(2x + 6)$

6. $(5x - 3y)(-3x - y)$

7. $(-4a + 3b)(a - 3b)$

✎ 다음 식을 전개하시오.

❶ $(a + 3)(3a - 2)$

  1. 1단계: 두 다항식의 **첫째 항**끼리 곱셈

    ● 첫 번째 다항식의 첫째 항은 a이고, 두 번째 다항식의 첫째 항은 $3a$

    ● 두 다항식의 첫째 항을 곱하면 $a \times 3a = 3a^2$

  2. 2단계: 곱셈식의 **안쪽**에 위치한 두 항의 곱셈

    ● 3과 $3a$가 곱셈식의 안쪽에 위치한 항

    $\rightarrow 3 \times 3a = 9a$

  3. 3단계: 곱셈식의 **바깥쪽**에 위치한 두 항의 곱셈

    ● a와 -2가 곱셈식의 바깥쪽에 위치한 항

    $\rightarrow a \times -2 = -2a$

Level 3
13차시

  4. 4단계: 두 다항식의 **둘째 항**끼리 곱셈

    ● 첫 번째 다항식의 둘째 항은 3이고, 두 번째 다항식의 둘째 항은 -2

    ● 두 다항식의 둘째 항을 곱하면 $3 \times -2 = -6$

5. 5단계: 1단계에서 4단계까지 얻은 곱셈 결과를 덧셈

$$\rightarrow 3a^2 + 9a - 2a - 6$$

6. 6단계: **동류항**끼리 계산하고, 차수가 큰 항부터 알파벳 순서로 써 줌

- 동류항 계산: $9a - 2a = 7a$
- 답: $3a^2 + 7a - 6$

❷ $(a + 2b)(-2a - 3b)$

1. 1단계: 두 다항식의 **첫째 항**끼리 곱셈

- 첫 번째 다항식의 첫째 항은 a이고, 두 번째 다항식의 첫째 항은 $-2a$
- 두 다항식의 첫째 항을 곱하면 $a \times -2a = -2a^2$

2. 2단계: 곱셈식의 **안쪽**에 위치한 두 항의 곱셈

- $2b$와 $-2a$가 곱셈식의 안쪽에 위치한 항

$$\rightarrow 2b \times -2a = -4ab$$

3. 3단계: 곱셈식의 **바깥쪽**에 위치한 두 항의 곱셈

- a와 $-3b$가 곱셈식의 바깥쪽에 위치한 항

$$\rightarrow a \times -3b = -3ab$$

4. 4단계: 두 다항식의 **둘째 항**끼리 곱셈

- 첫 번째 다항식의 둘째 항은 $2b$이고, 두 번째 다항식의 둘째 항은 $-3b$

- 두 다항식의 둘째 항을 곱하면 $2b \times -3b = -6b^2$

5. 5단계: 1단계에서 4단계까지 얻은 곱셈 결과를 **덧셈**

$$\rightarrow -2a^2 - 4ab - 3ab - 6b^2$$

6. 6단계: **동류항**끼리 계산하고, 차수가 큰 항부터 알파벳 순서로 써 줌

- 동류항 계산: $-4ab - 3ab = -7ab$

- 답: $-2a^2 - 7ab - 6b^2$

③ $(5x - 2y)(x - 5y)$

1. 1단계: 두 다항식의 **첫째 항**끼리 곱셈

- 첫 번째 다항식의 첫째 항은 $5x$이고, 두 번째 다항식의 첫째 항은 x

- 두 다항식의 첫째 항을 곱하면 $5x \times x = 5x^2$

Level 3
13차시

2. 2단계: 곱셈식의 **안쪽**에 위치한 두 항의 곱셈

- $-2y$와 x가 곱셈식의 안쪽에 위치한 항

$$\rightarrow -2y \times x = -2xy$$

3. 3단계: 곱셈식의 **바깥쪽**에 위치한 두 항의 곱셈

- $5x$와 $-5y$가 곱셈식의 바깥쪽에 위치한 항

$\rightarrow 5x \times -5y = -25xy$

4. 4단계: 두 다항식의 **둘째 항**끼리 곱셈

- 첫 번째 다항식의 둘째 항은 $-2y$이고, 두 번째 다항식의 둘째 항은 $-5y$
- 두 다항식의 둘째 항을 곱하면 $-2y \times -5y = 10y^2$

5. 5단계: 1단계에서 4단계까지 얻은 곱셈 결과를 **덧셈**

$\rightarrow 5x^2 - 2xy - 25xy + 10y^2$

6. 6단계: **동류항**끼리 계산하고, 차수가 큰 항부터 알파벳 순서로 써 줌

- 동류항 계산: $-2xy - 25xy = -27xy$
- 답: $5x^2 - 27xy + 10y^2$

✎ 다음 식을 전개하시오(선생님과 문제를 푸는 동안 문제 풀이를 아래에 적어 보세요).

① $(3a - 6)(b + 3)$

  1. 1단계: 두 다항식의 **첫째 항**끼리 곱셈

  2. 2단계: 곱셈식의 **안쪽**에 위치한 두 항의 곱셈

  3. 3단계: 곱셈식의 **바깥쪽**에 위치한 두 항의 곱셈

  4. 4단계: 두 다항식의 **둘째 항**끼리 곱셈

5. 5단계: 1단계에서 4단계까지 얻은 곱셈 결과를 **덧셈**

6. 6단계: **동류항**끼리 계산하고, 차수가 큰 항부터 알파벳 순서로 써 줌

정답

❷ $(-2a + b)(2a - 5b)$

1. 1단계: 두 다항식의 **첫째 항**끼리 곱셈

2. 2단계: 곱셈식의 **안쪽**에 위치한 두 항의 곱셈

3. 3단계: 곱셈식의 **바깥쪽**에 위치한 두 항의 곱셈

4. 4단계: 두 다항식의 **둘째 항끼리 곱셈**

5. 5단계: 1단계에서 4단계까지 얻은 곱셈 결과를 **덧셈**

6. 6단계: **동류항끼리** 계산하고, 차수가 큰 항부터 알파벳 순서로 써 줌

정답

3 $(4x - 3y)(5x + y)$

1. 1단계: 두 다항식의 **첫째 항끼리 곱셈**

2. 2단계: 곱셈식의 **안쪽**에 위치한 두 항의 곱셈

3. 3단계: 곱셈식의 **바깥쪽**에 위치한 두 항의 곱셈

4. 4단계: 두 다항식의 **둘째 항끼리** 곱셈

5. 5단계: 1단계에서 4단계까지 얻은 곱셈 결과를 **덧셈**

6. 6단계: **동류항끼리** 계산하고, 차수가 큰 항부터 알파벳 순서로 써 줌

정답

❶ $(-3a + b)(-3c + d)$를 전개할 때 혼동되는 점은 무엇입니까?

주어진 문제에 포함된 두 다항식 간에는 공통된 문자가 없습니다. 이런 경우, 다항식과 다항식의 곱셈 절차를 신중히 따르지 않으면 어떤 항들의 곱은 곱셈 과정에서 누락되는 경우가 발생합니다. "처음(첫째 항끼리 곱셈)부터 안(안에 위치한 항끼리 곱셈)과 밖(바깥쪽으로 위치한 항끼리 곱셈)을 두루두루(둘째 항끼리 곱셈) 살펴봐!" 암기법을 이용하여 다항식과 다항식의 곱셈 절차를 기억하고 빼먹지 않도록 주의해야 합니다.

→ $(-3a + b)(-3c + d) = 9ac - 3bc - 3ad + bd$

❷ $(a + 1)(a - 1)$을 전개할 때 혼동되는 점은 무엇입니까?

주어진 문제는 다항식과 다항식의 곱셈 전개 절차를 따라 곱셈식을 전개한 후 동류항을 계산하면 일차항이 0이 되고 이차항과 상수항만 남게 됩니다.

→ $(a + 1)(a - 1) = a^2 + a - a - 1 = a^2 - 1$

두 다항식의 곱을 전개하면 대부분 3개의 항을 가진 다항식이 되는데, 이 경우에는 2개 항을 가진 다항식이 됨으로 당황하는 경우가 있습니다. 두 다항식의 첫째 항이 같고 둘째 항은 부호만 다른 경우에는 곱셈의 결과에 이차항과 일차항만 남습니다[예: $(x + 4)(x - 4) = x^2 + 4x - 4x - 16 = x^2 - 16$].

Level 3
13차시

배움 체크하기

 오늘 우리가 함께 공부한 것을 혼자서도 할 수 있는지 체크해 봅시다. 혼자서도 할 수 있으면 👍, 선생님의 도움이 더 필요하다면 ⑦에 동그라미로 표시하세요.

배움 체크 리스트	👍	⑦
1. 다항식에서 항을 찾을 수 있습니다.		
2. 지수법칙을 적용하여 문자의 곱셈을 할 수 있습니다.		
3. 다항식과 단항식의 곱셈 방법을 이해하고 적용할 수 있습니다.		
4. 다항식과 다항식의 곱셈의 결과는 두 다항식의 첫째 항들의 곱, 곱셈식의 안쪽에 위치한 항들의 곱, 곱셈식의 바깥쪽에 위치한 항들의 곱 그리고 두 다항식의 둘째 항들의 곱을 덧셈하여 구할 수 있음을 이해하고 적용할 수 있습니다.		
5. 다항식과 다항식의 곱셈식을 전개한 후, 동류항끼리 계산하여 차수가 큰 항부터 알파벳 순서대로 답을 표시한다는 것을 이해하고 적용할 수 있습니다.		
6. 문자가 포함된 항들 간의 곱셈은 숫자는 숫자끼리, 문자는 문자끼리 지수법칙을 적용하여 정리한다는 것을 이해하고 적용할 수 있습니다.		
7. 다항식에 포함된 문자나 숫자가 바뀌어도 다항식과 다항식의 곱셈식 전개 방법은 동일하다는 것을 이해하며 적용할 수 있습니다.		

오늘 배운 것을 기억하면서 문제를 혼자 풀어 보는 시간입니다. 내비게이션 3.13 을 사용하면 도움이 됩니다.

📎 다음 식을 간단히 하시오.

1. $2a \times (5a - b)$

2. $(3x + 4) \times -3x$

3. $(2x - 4)(y + 3)$

4. $(-a + 2b)(3c + d)$

5. $(3x - 5)(3x + 4)$

6. $(4x - 5y)(-2x - 2y)$

7. $(-5a + 6b)(2a - 3b)$

다항식의 거듭제곱 – 곱셈 공식 1

🖊️ 다음 식을 전개하시오.

1. $(2x + 5) \times -3x$

2. $(x - 4)(2x + 5)$

3. $(a + b)^2$

4. $(2x - 5)^2$

5. $(5x - 3y)^2$

6. $(-4a + 3b)^2$

7. $(a - 3b)^2$

다항식의 제곱식을 전개하는 데 사용할 수 있는 곱셈 공식

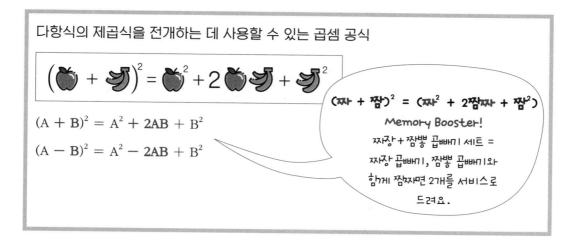

$(A + B)^2 = A^2 + 2AB + B^2$

$(A - B)^2 = A^2 - 2AB + B^2$

(짜 + 짬)² = (짜² + 2짬짜 + 짬²)

Memory Booster!

짜장 + 짬뽕 곱빼기 세트 =
짜장 곱빼기, 짬뽕 곱빼기와
함께 짬짜면 2개를 서비스로
드려요.

보여 주는 문제(1~3)

✎ 다음 식을 곱셈 공식을 적용하여 전개하시오.

❶ $(a + 3)^2$

1. 1단계: **뺄셈식**은 **덧셈식**으로 변경 ← 뺄셈 기호는 덧셈 기호로, 둘째 항 부호를 음의 부호로 바꿈

   - 다항식이 덧셈식이므로 다음 단계로 이동

2. 2단계: **첫째 항의 제곱** 구함(짜장 곱빼기)

   - 첫째 항은 a이므로 a^2

3. 3단계: **2 × 첫째 항 × 둘째 항**(짬짜면 2개 서비스)

   - 첫째 항은 a, 둘째 항은 3

   → $2 \times a \times 3 = 6a$

4. 4단계: **둘째 항의 제곱** 구함(짬뽕 곱빼기)

   - 둘째 항은 3이므로 $3^2 = 9$

Level 3
14차시

5. 5단계: 1단계에서 4단계까지 얻은 결과를 **덧셈**(세트 메뉴)

   → $(a + 3)^2 = a^2 + 6a + 9$

❷ $(a + 3b)^2$

1. **1단계: 뺄셈식은 덧셈식으로 변경 ←** 뺄셈 기호는 덧셈 기호로, 둘째 항 부호를 음의 부호로 바꿈

   - 다항식이 덧셈식이므로 다음 단계로 이동

2. **2단계: 첫째 항의 제곱 구함**(짜장 곱빼기)

   - 첫째 항은 a이므로 $(a)^2 = a^2$

3. **3단계: 2 × 첫째 항 × 둘째 항**(짬짜면 2개 서비스)

   - 첫째 항은 a, 둘째 항은 $3b$

   $→ 2 \times 3ab = 6ab$

4. **4단계: 둘째 항의 제곱 구함**(짬뽕 곱빼기)

   - 둘째 항은 $3b$이므로 $(3b)^2 = 9b^2$

5. **5단계: 1단계에서 4단계까지 얻은 결과를 덧셈**(세트 메뉴)

   $→ (a + 3b)^2 = a^2 + 6ab + 9b^2$

❸ $(x - y)^2$

1. 1단계: 뺄셈식은 **덧셈식으로 변경** ← 뺄셈 기호는 덧셈 기호로, 둘째 항 부호를 음의 부호로 바꿈

→ $(x - y)^2 = (x + -y)^2$

2. 2단계: **첫째 항의 제곱** 구함(짜장 곱빼기)

- 첫째 항은 x이므로 $(x)^2 = x^2$

3. 3단계: **2 × 첫째 항 × 둘째 항**(짬짜면 2개 서비스)

- 첫째 항은 x, 둘째 항은 $-y$

→ $2 \times x \times -y = -2xy$

4. 4단계: **둘째 항의 제곱** 구함(짬뽕 곱빼기)

- 둘째 항은 $-y$이므로 $(-y)^2 = y^2$

5. 5단계: 1단계에서 4단계까지 얻은 결과를 덧셈(세트 메뉴)

→ $(x - y)^2 = x^2 - 2xy + y^2$

◆ 다음 식을 전개하시오(선생님과 문제를 푸는 동안 문제 풀이를 아래에 적어 보세요).

❶ $(2a + 3)^2$

1. 1단계: 뺄셈식은 **덧셈식**으로 변경 ← 뺄셈 기호는 덧셈 기호로, 둘째 항 부호를 음의 부호로 바꿈

2. 2단계: **첫째 항의 제곱** 구함(짜장 곱빼기)

3. 3단계: **2 × 첫째 항 × 둘째** 항(짬짜면 2개 서비스)

4. 4단계: **둘째 항의 제곱** 구함(짬뽕 곱빼기)

5. 5단계: 1단계에서 4단계까지 얻은 결과를 **덧셈**(세트 메뉴)

정답 $(2a + 3)^2 =$

② $(2a + 3b)^2$

1. **1.** 1단계: 뺄셈식은 **덧셈식**으로 변경 ← 뺄셈 기호는 덧셈 기호로, 둘째 항 부호를 음
    의 부호로 바꿈

2. **2.** 2단계: **첫째 항의 제곱** 구함(짜장 곱빼기)

3. **3.** 3단계: **2 × 첫째 항 × 둘째** 항(짬짜면 2개 서비스)

4. **4.** 4단계: **둘째 항의 제곱** 구함(짬뽕 곱빼기)

5. **5.** 5단계: 1단계에서 4단계까지 얻은 결과를 **덧셈**(세트 메뉴)

    정답 $(2a + 3b)^2 =$

Level 3
14차시

❸ $(4x - 3y)^2$

1. 1단계: 뺄셈식은 **덧셈식**으로 변경 ← 뺄셈 기호는 덧셈 기호로, 둘째 항 부호를 음의 부호로 바꿈

2. 2단계: **첫째 항의 제곱** 구함(짜장 곱빼기)

3. 3단계: **2 × 첫째 항 × 둘째** 항(짬짜면 2개 서비스)

4. 4단계: **둘째 항의 제곱** 구함(짬뽕 곱빼기)

5. 5단계: 1단계에서 4단계까지 얻은 결과를 **덧셈**(세트 메뉴)

   정답 $(4x - 3y)^2 =$

❶ 곱셈 공식을 이용하여 $(-2x - 5y)^2$을 전개할 때 혼동되는 점은 무엇입니까?

지금까지 연습해 온 문제들은 다항식의 첫째 항이 양의 부호를 가지고 있었던 반면, 주어진 문제는 다항식의 첫째 항이 음의 부호를 가지고 있습니다. 이런 문제를 풀 때는 식을 전개할 때 항의 부호에 혼동을 보이는 경우가 많습니다. 예를 들어, $(-2x - 5y)^2 = -4x^2 - 20xy + 25y^2$이라고 전개하는 경우가 오류가 있는 경우입니다. 짜장 + 짬뽕 곱빼기 세트 메뉴 암기법을 다시 한번 기억하며 주어진 문제를 함께 풀어 봅시다. 주어진 다항식은 뺄셈식이므로 먼저 덧셈식으로 바꿉니다.

→ $(-2x - 5y)^2 = (-2x + -5y)^2$

바뀐 항에서 첫째 항은 $(-2x)$, 둘째 항은 $(-5y)$가 됩니다. 다음은 짜장 곱빼기, 즉 첫째 항의 제곱을 구합니다.

→ $(-2x)^2 = 4x^2$

다음은 서비스로 나가는 짬짜면 2개, 즉 두 항의 곱에 2를 곱합니다.

→ $2(-2x)(-5y) = 20xy$

마지막으로 짬뽕 곱빼기, 즉 둘째 항의 제곱을 구합니다.

→ $(-5y)^2 = 25y^2$

구한 값들을 모두 더하면 $4x^2 + 20xy + 25y^2$이 답입니다.

Level 3
14차시

❷ 곱셈 공식을 이용하여 102^2을 전개할 때 혼동되는 점은 무엇입니까?

주어진 문제는 $102^2 = (100 + 2)^2$이라는 것을 직관적으로 알아야 풀 수 있는 문제입니다. $102^2 = (100 + 2)^2 = 100^2 + 2 \times 100 \times 2 + 2^2 = 10000 + 400 + 4 = 10404$입니다. 이런 유형의 문제를 반복적으로 연습하여 비슷한 문제가 나오면 바로 다항식의 제곱꼴로 변형할 수 있도록 준비합시다.

❸ 곱셈 공식을 이용하여 97^2을 전개할 때 혼동되는 점은 무엇입니까?

주어진 문제는 $97^2 = (100 - 3)^2$이라는 것을 직관적으로 알아야 풀 수 있는 문제입니다. $97^2 = (100 - 3)^2 = 100^2 + 2 \times 100 \times (-3) + (-3)^2 = 10000 - 600 + 9 = 9409$입니다. 이런 유형의 문제를 반복적으로 연습하여 비슷한 문제가 나오면 바로 다항식의 제곱꼴로 변형할 수 있도록 준비합시다.

배움 체크하기

오늘 우리가 함께 공부한 것을 혼자서도 할 수 있는지 체크해 봅시다. 혼자서도 할 수 있으면 👍, 선생님의 도움이 더 필요하다면 ❓에 동그라미로 표시하세요.

배움 체크 리스트	👍	❓
1. 다항식에서 항을 찾을 수 있습니다.		
2. 지수법칙을 적용하여 문자의 곱셈을 할 수 있습니다.		
3. 다항식과 다항식의 곱셈 방법을 이해하고 적용할 수 있습니다.		
4. 뺄셈인 다항식의 제곱은 뺄셈 기호를 덧셈 기호로 바꾸고 둘째 항 부호를 음의 부호로 바꿔 덧셈식으로 변경한 후, 곱셈 공식을 적용한다는 것을 이해하고 적용할 수 있습니다.		
5. 다항식의 제곱식을 전개하는 곱셈 공식은 첫째 항의 제곱 그리고 두 항의 곱에 2를 곱한 수, 둘째 항의 제곱을 더한 값과 같다는 것을 이해하고 적용할 수 있습니다.		
6. 숫자와 문자가 함께 있는 항의 제곱은 숫자의 제곱과 문자의 제곱을 곱한 값과 같다는 것을 이해하고 적용할 수 있습니다[예: $(2x)^2 = 2^2 x^2 = 4x^2$].		
7. 다항식에 포함된 문자나 숫자가 바뀌어도 곱셈 공식을 적용하여 다항식의 제곱식을 전개하는 방법은 동일하다는 것을 이해하며 적용할 수 있습니다.		

Level 3
14차시

오늘 배운 것을 기억하면서 문제를 혼자 풀어 보는 시간입니다. 내비게이션 3.14 를 사용하면 도움이 됩니다.

♦ 다음 식을 간단히 하시오.

1. $(3x + 5) \times -4x$

2. $(x - 5)(3x + 4)$

3. $(a - b)^2$

4. $(3x + 2)^2$

5. $(4x - 5y)^2$

6. $(-6a + 2b)^2$

7. $(a - 5b)^2$

Level 3
14차시

둘째 항의 부호만 반대인 두 다항식의 곱 - 곱셈 공식 2

사전평가(1~7)

◆ 다음 식을 전개하시오.

1. $2x \times (-3x + 2)$

2. $(x - 4)(2x + 5)$

3. $(a + 2)(a - 2)$

4. $(2x - 3)(2x + 3)$

5. $(5x - 3y)(5x + 3y)$

6. $(-4a + 3b)(-4a - 3b)$

7. $(5 + 3b)(-5 + 3b)$

첫째 항은 같고 둘째 항의 부호가 반대인 두 다항식의 곱셈식 전개: 곱셈 공식 2

$$\left(🍎 + 🍌 \right)\left(🍎 - 🍌 \right) = 🍎^2 - 🍌^2$$

$(A + B)(A - B) = A^2 - B^2$

🖊 다음 식을 곱셈 공식 2를 적용하여 전개하시오.

❶ $(a + 5)(a - 5)$

1. 1단계: 곱셈 공식 2를 적용할 수 있는 유형인지 확인 ← 첫째 항의 값과 부호가 같고 둘째 항은 부호만 다른지 확인

   • 첫째 항은 a로 같고, 둘째 항은 $+5$와 -5로 부호가 다른 경우이므로 곱셈 공식 2를 적용할 수 있음

2. 2단계: **첫째 항끼리 곱셈값 구함**

   • 첫째 항은 a이므로 $a \times a = a^2$

3. 3단계: **둘째 항끼리 곱셈값 구함**

   • 둘째 항은 5와 -5이므로 둘째 항끼리 곱하면 $(5) \times (-5) = -25$

4. 4단계: **첫째 항끼리 곱셈값과 둘째 항끼리 곱셈값을 덧셈**

   → $(a + 5)(a - 5) = a^2 - 25$

2 $(x + 3y)(x - 3y)$

1. 1단계: 곱셈 공식 2를 적용할 수 있는 유형인지 확인 ← 첫째 항은 값과 부호가 같고 둘째 항은 부호만 다른지 확인
   - 첫째 항은 x로 같고, 둘째 항은 $+3y$와 $-3y$로 부호가 다른 경우이므로 곱셈 공식 2를 적용할 수 있음

2. 2단계: **첫째 항끼리 곱셈값** 구함
   - 첫째 항은 x이므로 $x \times x = x^2$

3. 3단계: **둘째 항끼리 곱셈값** 구함
   - 둘째 항은 $+3y$와 $-3y$이므로 둘째 항끼리 곱셈값은 $(3y) \times (-3y) = -9y^2$

4. 4단계: **첫째 항끼리 곱셈값과 둘째 항끼리 곱셈값을 덧셈**
   $\rightarrow (x + 3y)(x - 3y) = x^2 - 9y^2$

3 $(7x + 2y)(7x - 2y)$

1. 1단계: 곱셈 공식 2를 적용할 수 있는 유형인지 확인 ← 첫째 항은 값과 부호가 같고 둘째 항은 부호만 다른지 확인
   - 첫째 항은 $7x$로 같고, 둘째 항은 $+2y$와 $-2y$로 부호만 다른 경우이므로 곱셈 공식 2를 적용할 수 있음

2. 2단계: **첫째 항끼리 곱셈값 구함**

- 첫째 항은 $7x$이므로 첫째 항끼리 곱셈값은 $7x \times 7x = 49x^2$

3. 3단계: **둘째 항끼리 곱셈값 구함**

- 둘째 항은 $+2y$와 $-2y$이므로 둘째 항끼리 곱셈값은 $(2y) \times (-2y) = -4y^2$

4. 4단계: **첫째 항끼리 곱셈값과 둘째 항끼리 곱셈값을 덧셈**

$\rightarrow (7x + 2y)(7x - 2y) = 49x^2 - 4y^2$

Level 3
15차시

🖊️ 다음 식을 곱셈 공식 2를 적용하여 전개하시오(선생님과 문제를 푸는 동안 문제 풀이를 아래에 적어 보세요).

① $(2a + 3)(2a - 3)$

1. 1단계: 곱셈 공식 2를 적용할 수 있는 유형인지 확인 ← 첫째 항은 값과 부호가 같고 둘째 항은 부호만 다른지 확인

2. 2단계: **첫째 항끼리 곱셈값 구함**

3. 3단계: **둘째 항끼리 곱셈값 구함**

4. 4단계: **첫째 항끼리 곱셈값 + 둘째 항끼리 곱셈값**

   정답 $(2a + 3)(2a - 3) =$

❷ $(2a + 3b)(2a - 3b)$

1. 1단계: 곱셈 공식 2를 적용할 수 있는 유형인지 확인 ← 첫째 항은 값과 부호
가 같고 둘째 항은 부호만 다른지 확인

2. 2단계: **첫째 항끼리 곱셈값** 구함

3. 3단계: **둘째 항끼리 곱셈값** 구함

4. 4단계: **첫째 항끼리 곱셈값 + 둘째 항끼리 곱셈값**

   정답 $(2a + 3b)(2a - 3b) =$

Level 3
15차시

❸ $(4x - 3y)(4x + 3y)$

1. 1단계: 곱셈 공식 2를 적용할 수 있는 유형인지 확인 ← 첫째 항은 값과 부호 가 같고 둘째 항은 부호만 다른지 확인

2. 2단계: **첫째 항끼리 곱셈값** 구함

3. 3단계: **둘째 항끼리 곱셈값** 구함

4. 4단계: **첫째 항끼리 곱셈값 + 둘째 항끼리 곱셈값**

   정답 $(4x - 3y)(4x + 3y) =$

❶ 곱셈 공식을 이용하여 $(-3x - 1)(-3x + 1)$을 전개할 때 혼동되는 점은 무엇입니까?

지금까지 연습해 온 문제들은 다항식의 첫째 항이 양의 부호를 가지고 있었던 반면, 주어진 문제는 다항식의 첫째 항이 음의 부호를 가지고 있습니다. 하지만 주어진 곱셈식은 첫째 항이 같고 둘째 항의 부호만 반대인 경우이므로 곱셈 공식 2를 적용하여 전개할 수 있습니다. 첫째 항이 $-3x$라는 것에 주의합시다. $(-3x)^2 - 1^2 = 9x^2 - 1$이 옳은 전개식입니다. 첫째 항을 $3x$라 보고 나중에 첫째 항의 제곱에 음의 부호를 붙여 주어 $-9x^2 - 1$이라고 전개하면 틀린 전개가 됩니다.

❷ 곱셈 공식을 이용하여 $(-3x + 1)(3x + 1)$을 전개할 때 혼동되는 점은 무엇입니까?

주어진 문제는 지금까지 연습해 온 문제와 달리 둘째 항이 같고 첫째 항이 부호만 반대인 두 다항식의 곱셈식입니다. 하지만 덧셈의 교환법칙을 적용하여 각 다항식에 포함된 항의 순서를 바꾸면 $(-3x + 1)(3x + 1) =$ $(1 - 3x)(1 + 3x)$가 됩니다. 첫째 항은 같고 둘째 항의 부호만 반대인 식으로 변경되었습니다. 따라서 $(-3x + 1)(3x + 1) = (1 - 3x)(1 + 3x)$ $= 1^2 - (3x)^2 = 1 - 9x^2$입니다.

Level 3
15차시

❸ 곱셈 공식을 이용하여 102×98을 전개할 때 혼동되는 점은 무엇입니까?

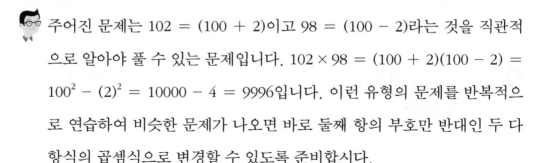 주어진 문제는 $102 = (100 + 2)$이고 $98 = (100 - 2)$라는 것을 직관적으로 알아야 풀 수 있는 문제입니다. $102 \times 98 = (100 + 2)(100 - 2) = 100^2 - (2)^2 = 10000 - 4 = 9996$입니다. 이런 유형의 문제를 반복적으로 연습하여 비슷한 문제가 나오면 바로 둘째 항의 부호만 반대인 두 다항식의 곱셈식으로 변경할 수 있도록 준비합시다.

오늘 우리가 함께 공부한 것을 혼자서도 할 수 있는지 체크해 봅시다. 혼자서도 할 수 있으면 👍, 선생님의 도움이 더 필요하다면 ❓에 동그라미로 표시하세요.

배움 체크 리스트	👍	❓
1. 다항식에서 항을 찾을 수 있습니다.		
2. 지수법칙을 적용하여 문자의 곱셈을 할 수 있습니다.		
3. 단항식과 단항식의 곱셈 방법을 이해하고 적용할 수 있습니다.		
4. 곱셈 공식 2는 첫째 항은 같고 둘째 항의 부호만 반대인 두 다항식의 곱셈식을 전개할 때 적용할 수 있는 공식이라는 것을 이해하고 적용할 수 있습니다.		
5. 곱셈 공식 2를 적용할 때는 첫째 항끼리 곱셈값과 둘째 항끼리 곱셈값을 구한 후에 그 둘의 합을 구한다는 것을 이해하고 적용할 수 있습니다.		
6. 첫째 항이 음의 부호를 가진 경우라도, 첫째 항이 같고 둘째 항의 부호만 반대이면 곱셈 공식 2를 적용하여 전개할 수 있음을 이해하고 적용할 수 있습니다[예: $(-x + 4)(-x - 4) = x^2 - 16$].		
7. 둘째 항이 같고 첫째 항의 부호만 반대인 경우에도 교환법칙을 적용하여 첫째 항과 둘째 항의 위치를 바꾸면 곱셈 공식 2를 적용할 수 있다는 것을 이해하고 적용할 수 있습니다[예: $(-x + 4)(x + 4) = (4 - x)(4 + x) = 16 - x^2$].		

Level 3

15차시

오늘 배운 것을 기억하면서 문제를 혼자 풀어 보는 시간입니다. 내비게이션 3.15 를 사용하면 도움이 됩니다.

다음 식을 간단히 하시오.

1. $x(-4x + 2)$

2. $(5x - 3)(2x + 4)$

3. $(a + 6)(a - 6)$

4. $(3x - 5)(3x + 5)$

5. $(4x - 7y)(4x + 7y)$

6. $(-3a + 2b)(-3a - 2b)$

7. $(6 + 4b)(-6 + 4b)$

Level 3

15차시

두 다항식의 곱셈 – 곱셈 공식 3

사전평가(1~7) ·

✏️ 다음 식을 전개하시오.

1. $(2x) \times (-3x + 2)$

2. $(x - 4) \times (2x)$

3. $(a + 2)(a - 5)$

4. $(x - 3)(x + 1)$

5. $(x - 2)(x - 3)$

6. $(-a + 5)(a - 3)$

7. $(5 + b)(-2 + b)$

계수가 1인 일차항과 상수항으로 구성된 두 다항식의 곱셈식 전개: 곱셈 공식 3

$$(x + a) \times (x + b) = x^2 + (a + b)x + ab$$

일차식	×	일차식	=	이차항	+	일차항	+	상수항
$(x + a)$	×	$(x + b)$	=	x^2		$+ (a + b)x +$		ab

계수가 1인 일차항과 상수항이 있는 두 일차식 곱셈 전개 방법	첫 항 곱셈	$\binom{상수항}{덧셈}x$	상수항 곱셈

◆ 다음 식을 곱셈 공식 3을 적용하여 전개하시오.

① $(x + 3)(x + 7)$

1. 1단계: 곱셈 공식 3을 적용할 수 있는 유형인지 확인 ← 계수가 1인 일차항과 상수항을 포함하는 두 다항식의 곱셈

- 계수가 1인 일차항(x)과 상수항(3과 7)으로 이루어진 두 다항식의 곱셈 식이므로 곱셈 공식 3을 적용할 수 있음

2. 2단계: 전개식의 이차항 구하기 ← 첫째 항의 곱셈

- 두 다항식의 첫째 항은 x이므로 두 첫째 항의 곱은 $x \times x = x^2$

3. 3단계: 전개식의 일차항 구하기 ← 일차항의 계수는 상수항의 덧셈

- 첫 다항식의 상수항은 +3이고 두 번째 다항식의 상수항은 +7이므로 두 상수항의 합은 $3 + 7 = 10$
- 전개식 일차항은 $10x$

4. 4단계: 전개식의 상수항 구하기 ← 상수항의 곱셈

- 두 상수항의 곱은 $3 \times 7 = 21$

5. 5단계: 이차항 + 일차항 + 상수항

$\rightarrow (x + 3)(x + 7) = x^2 + 10x + 21$

Level 3
16차시

❷ $(x + 10)(x - 5)$

1. 1단계: 곱셈 공식 3을 적용할 수 있는 유형인지 확인 ← 계수가 1인 일차항과 상수항을 포함하는 두 다항식의 곱셈

   - 계수가 1인 일차항(x)과 상수항($+10$과 -5)으로 이루어진 두 다항식의 곱셈식이므로 곱셈 공식 3을 적용할 수 있음

2. 2단계: 전개식의 이차항 구하기 ← 첫째 항의 곱셈

   - 두 다항식의 첫째 항은 x이므로 두 첫째 항의 곱은 $x \times x = x^2$

3. 3단계: 전개식의 일차항 구하기 ← 일차항의 계수는 상수항의 덧셈

   - 첫 다항식의 상수항은 $+10$이고 두 번째 다항식의 상수항은 -5이므로 두 상수항의 합은 $10 + (-5) = 5$
   - 전개식 일차항은 $5x$

4. 4단계: 전개식의 상수항 구하기 ← 상수항의 곱셈

   - 두 상수항의 곱은 $10 \times (-5) = -50$

5. 5단계: 이차항 + 일차항 + 상수항

   $\rightarrow (x + 10)(x - 5) = x^2 + 5x - 50$

❸ $(x - 2)(x - 9)$

1. 1단계: 곱셈 공식 3을 적용할 수 있는 유형인지 확인 ← 계수가 1인 일차항과 상수항을 포함하는 두 다항식의 곱셈

  - 계수가 1인 일차항(x)과 상수항(-2와 -9)으로 이루어진 두 다항식의 곱셈식이므로 곱셈 공식 3을 적용할 수 있음

2. 2단계: 전개식의 이차항 구하기 ← 첫째 항의 곱셈

  - 두 다항식의 첫째 항은 x이므로 두 첫째 항의 곱은 $x \times x = x^2$

3. 3단계: 전개식의 일차항 구하기 ← 일차항의 계수는 상수항의 덧셈

  - 첫 다항식의 상수항은 -2이고 두 번째 다항식의 상수항은 -9이므로 두 상수항의 합은 $-2 + -9 = -11$
  - 전개식 일차항은 $-11x$

4. 4단계: 전개식의 상수항 구하기 ← 상수항의 곱셈

  - 두 상수항의 곱은 $-2 \times -9 = 18$

5. 5단계: 이차항 + 일차항 + 상수항

  $\rightarrow (x - 2)(x - 9) = x^2 - 11x + 18$

Level 3
16차시

◆ 다음 식을 곱셈 공식 3을 적용하여 전개하시오(선생님과 문제를 푸는 동안 문제 풀이를 아래에 적어 보세요).

❶ $(a + 4)(a + 7)$

   1. 1단계: 곱셈 공식 3을 적용할 수 있는 유형인지 확인 ← 계수가 1인 일차항과 상수항을 포함하는 두 다항식의 곱셈

   2. 2단계: 전개식의 이차항 구하기 ← 첫째 항의 곱셈

   3. 3단계: 전개식의 일차항 구하기 ← 일차항의 계수는 상수항의 덧셈
     ● 상수항의 합:

     ● 전개식 일차항:

   4. 4단계: 전개식의 상수항 구하기 ← 상수항의 곱셈

5. 5단계: 이차항 + 일차항 + 상수항

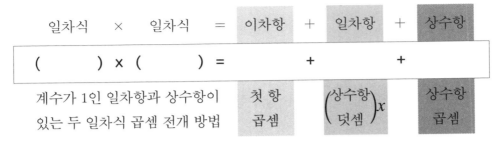

일차식	×	일차식	=	이차항	+	일차항	+	상수항
( )	×	( )	=		+		+	

계수가 1인 일차항과 상수항이 있는 두 일차식 곱셈 전개 방법 / 첫 항 곱셈 / (상수항 덧셈)x / 상수항 곱셈

❷ $(a - 4)(a - 7)$

1. 1단계: 곱셈 공식 3을 적용할 수 있는 유형인지 확인 ← 계수가 1인 일차항과 상수항을 포함하는 두 다항식의 곱셈

2. 2단계: 전개식의 이차항 구하기 ← 첫째 항의 곱셈

3. 3단계: 전개식의 일차항 구하기 ← 일차항의 계수는 상수항의 덧셈

- 상수항의 합:

- 전개식 일차항:

4. 4단계: 전개식의 상수항 구하기 ← 상수항의 곱셈

5. 5단계: 이차항 + 일차항 + 상수항

일차식	×	일차식	=	이차항	+	일차항	+	상수항
(	)	× (	) =		+		+	

계수가 1인 일차항과 상수항이 있는 두 일차식 곱셈 전개 방법	첫 항 곱셈	$\left(\begin{array}{c}\text{상수항}\\\text{덧셈}\end{array}\right)x$	상수항 곱셈

❸ $(x - 9)(x + 5)$

1. 1단계: 곱셈 공식 3을 적용할 수 있는 유형인지 확인 ← 계수가 1인 일차항과 상수항을 포함하는 두 다항식의 곱셈

2. 2단계: 전개식의 이차항 구하기 ← 첫째 항의 곱셈

3. 3단계: 전개식의 일차항 구하기 ← 일차항의 계수는 상수항의 덧셈

　　● 상수항의 합:

　　● 전개식 일차항:

4. 4단계: 전개식의 상수항 구하기 ← 상수항의 곱셈

5. 5단계: 이차항 + 일차항 + 상수항

일차식	×	일차식	=	이차항	+	일차항	+	상수항

(　　) x (　　) =	+	+
계수가 1인 일차항과 상수항이 있는 두 일차식 곱셈 전개 방법	첫 항 곱셈	$\left(\begin{array}{c}\text{상수항}\\\text{덧셈}\end{array}\right)x$	상수항 곱셈

Level 3
16차시

① 곱셈 공식을 이용하여 $(-x - 1)(x + 1)$을 전개할 때 혼동되는 점은 무엇입니까?

지금까지 연습해 온 문제들은 일차항의 계수가 1인 경우였는데, 주어진 문제는 첫 번째 다항식의 일차항의 계수가 -1인 경우입니다. 주어진 문제는 분배법칙을 사용하여 다항식 $(-x - 1)$의 x계수를 먼저 1로 만든 후 $[(-x - 1) = -(x + 1)]$ 곱셈 공식 3을 적용합니다.

$\rightarrow (-x - 1)(x + 1) = -(x + 1)(x + 1) = -\{x^2 + (1 + 1)x + 1\}$
$= -x^2 - 2x - 1$

② 곱셈 공식을 이용하여 $(-3 + x)(x + 5)$를 전개할 때 혼동되는 점은 무엇입니까?

일차항, 상수항 순으로 구성된 다항식들의 곱셈식 전개를 연습해 왔는데, 주어진 문제의 첫 번째 다항식은 상수항, 일차항 순으로 구성되었습니다. 이런 유형의 문제를 받으면 곱셈 공식 3을 적용해서 전개할 수 있는 문제라는 것을 쉽게 알아차리지 못합니다. 이런 유형의 문제는 덧셈의 교환법칙을 적용하여 첫 번째 다항식의 순서를 일차항, 상수항 순으로 바꾼 후, 곱셈 공식을 적용해서 전개할 수 있습니다. 즉, $(-3 + x)(x + 5) = (x - 3)(x + 5)$이므로 $(x - 3)(x + 5)$를 전개합니다.

$\rightarrow (x - 3)(x + 5) = x^2 + (-3 + 5)x - 15 = x^2 + 2x - 15$

배움 체크하기 ·······································

오늘 우리가 함께 공부한 것을 혼자서도 할 수 있는지 체크해 봅시다. 혼자서도 할 수 있으면 👍, 선생님의 도움이 더 필요하다면 ⁇에 동그라미로 표시하세요.

배움 체크 리스트	👍	⁇
1. 다항식에서 항을 찾을 수 있습니다.		
2. 단항식과 단항식의 곱셈 방법을 이해하고 적용할 수 있습니다.		
3. 일차식과 상수로 구성된 두 다항식의 곱셈식을 전개하면 이차항, 일차항 그리고 상수항이 나온다는 것을 이해하고 적용할 수 있습니다.		
4. 곱셈 공식 3은 계수가 1인 일차항과 상수항으로 이루어진 두 일차식의 곱을 전개할 때 사용할 수 있음을 이해하고 적용할 수 있습니다.		
5. 곱셈 공식 3을 적용하여 일차식과 일차식의 곱셈식을 전개할 때, 전개식의 이차항은 두 일차항의 곱, 전개식의 일차항은 두 상수항의 합을 계수로 갖는 일차항, 전개식의 상수항은 두 상수항의 곱으로 구할 수 있음을 이해하고 적용할 수 있습니다.		
6. 일차항의 계수가 -1인 경우에는 분배법칙을 사용하여 괄호 밖으로 음의 부호를 빼 주어 괄호 안의 일차항의 계수를 1로 만든 후, 곱셈 공식 3을 사용한다는 것을 이해하고 적용할 수 있습니다[예: $(-x + 4)(x - 6) = -(x - 4)(x - 6) = -x^2 + 10x - 24$].		
7. 곱셈식에 포함된 일차식이 일차항 + 상수항 순서로 되어 있지 않고 상수항 + 일차항으로 되어 있을 때는 교환법칙을 이용하여 일차항 + 상수항 순서로 항의 순서를 바꾼 후, 곱셈 공식 3을 사용한다는 것을 이해하고 적용할 수 있습니다[예: $(-4 + x)(x + 6) = (x - 4)(x + 6) = x^2 + 2x - 24$].		

Level 3
16차시

오늘 배운 것을 기억하면서 문제를 혼자 풀어 보는 시간입니다. 내비게이션 3.16 을 사용하면 도움이 됩니다.

◆ 다음 식을 전개하시오.

1. $x \times (-4x + 2)$

2. $(5x - 3) \times (2x)$

3. $(a + 6)(a - 3)$

4. $(x - 5)(x + 2)$

5. $(x - 7)(x - 5)$

6. $(-a + 2)(a - 5)$

7. $(6 + b)(-4 + b)$

17차시

두 다항식의 곱셈 - 곱셈 공식 4

사전평가(1~7) ·······························

다음 식을 전개하시오.

1. $(3x) \times (-2x + 5)$

2. $(-x - 4) \times (-2x)$

3. $(2a + 5)(4a - 1)$

4. $(5x + y)(2x + 5y)$

5. $(3x - 2y)(5x - 4y)$

6. $(-2b + 5)(3b - 2)$

7. $(5a - b)(-2a + 5b)$

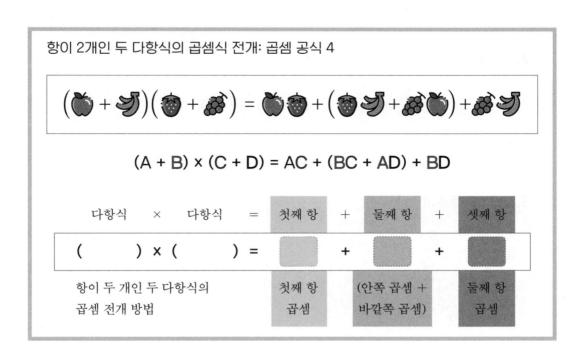

항이 2개인 두 다항식의 곱셈식 전개: 곱셈 공식 4

$(A + B) \times (C + D) = AC + (BC + AD) + BD$

다항식	×	다항식	=	첫째 항	+	둘째 항	+	셋째 항
(	)	× (	) =		+		+	

항이 두 개인 두 다항식의 곱셈 전개 방법	첫째 항 곱셈	(안쪽 곱셈 + 바깥쪽 곱셈)	둘째 항 곱셈

◆ 다음 식을 곱셈 공식 4를 적용하여 전개하시오.

❶ $(2x + 3y)(3x + 5y)$

1. 1단계: 곱셈 공식 4를 적용할 수 있는 유형인지 확인 ← 항이 2개인 두 다항식의 곱셈

   - 첫 번째 다항식은 x에 대한 일차항($2x$)과 y에 대한 일차항($3y$)으로 구성되었고, 두 번째 다항식은 x에 대한 일차항($3x$)과 y에 대한 일차항($5y$)으로 구성되어 있으므로 곱셈 공식 4를 적용할 수 있음

2. 2단계: 전개식의 첫째 항 구하기 ← 첫째 항의 곱셈

   - 두 다항식의 첫째 항은 각각 $2x$와 $3x$이므로 두 첫째 항의 곱은 $2x \times 3x = 6x^2$

3. 3단계: 전개식의 둘째 항 구하기 ← 곱셈식의 두 안쪽 항의 곱셈 + 두 바깥쪽 항 곱셈

   - 곱셈식의 두 안쪽 항은 $3y$와 $3x$이므로 안쪽 항의 곱은 $3y \times 3x = 9xy$
   - 곱셈식의 두 바깥쪽 항은 $2x$와 $5y$이므로 바깥쪽 항의 곱은 $2x \times 5y = 10xy$
   - 안쪽 항의 곱과 바깥쪽 항의 곱의 덧셈 결과는 $9xy + 10xy = 19xy$

4. 4단계: 전개식의 셋째 항 구하기 ← 두 다항식의 둘째 항의 곱셈

- 두 다항식의 둘째 항은 각각 $3y$와 $5y$이므로 이 둘의 곱은 $3y \times 5y = 15y^2$

5. 5단계: 첫째 항 + 둘째 항 + 셋째 항

$\rightarrow (2x + 3y)(3x + 5y) = 6x^2 + 19xy + 15y^2$

❷ $(3x + 5)(2x - 5)$

1. 1단계: 곱셈 공식 4를 적용할 수 있는 유형인지 확인 ← 항이 2개인 두 다항식의 곱셈

- 첫 번째 다항식은 x에 대한 일차항($3x$)과 상수항(5)으로 구성되었고, 두 번째 다항식은 x에 대한 일차항($2x$)과 상수항(-5)으로 구성되어 있으므로 곱셈 공식 4를 적용할 수 있음

2. 2단계: 전개식의 첫째 항 구하기 ← 첫째 항의 곱셈

- 두 다항식의 첫째 항은 $3x$와 $2x$이므로 두 첫째 항의 곱은 $3x \times 2x = 6x^2$

3. 3단계: 전개식의 둘째 항 구하기 ← 곱셈식의 두 안쪽 항의 곱셈 + 두 바깥쪽 항 곱셈

- 곱셈식의 두 안쪽 항은 5와 $2x$이므로 안쪽 항의 곱은 $5 \times 2x = 10x$
- 곱셈식의 두 바깥쪽 항은 $3x$와 -5이므로 바깥쪽 항의 곱은 $3x \times -5 =$

$-15x$

- 안쪽 항의 곱과 바깥쪽 항의 곱의 덧셈 결과는 $10x - 15x = -5x$

4. 4단계: 전개식의 셋째 항 구하기 ← 두 다항식의 둘째 항의 곱셈

- 두 다항식의 둘째 항은 각각 5와 -5이므로 이 둘의 곱은 $5 \times -5 = -25$

5. 5단계: 첫째 항 + 둘째 항 + 셋째 항

→ $(3x + 5)(2x - 5) = 6x^2 - 5x - 25$

③ $(2x - 4y)(5x - 9y)$

1. 1단계: 곱셈 공식 4를 적용할 수 있는 유형인지 확인 ← 항이 2개인 두 다항식의 곱셈

- 첫 번째 다항식은 x에 대한 일차항($2x$)과 y에 대한 일차항($-4y$)으로 구성되었고, 두 번째 다항식은 x에 대한 일차항($5x$)과 y에 대한 일차항($-9y$)으로 구성되어 있으므로 곱셈 공식 4를 적용할 수 있음

2. 2단계: 전개식의 첫째 항 구하기 ← 첫째 항의 곱셈

- 두 다항식의 첫째 항은 각각 $2x$와 $5x$이므로 두 첫째 항의 곱은 $2x \times 5x = 10x^2$

3. 3단계: 전개식의 둘째 항 구하기 ← 곱셈식의 두 안쪽 항의 곱셈 + 두 바깥쪽 항 곱셈

- 곱셈식의 두 안쪽 항은 $-4y$와 $5x$이므로 안쪽 항의 곱은 $-4y \times 5x = -20xy$

- 곱셈식의 바깥쪽 항은 $2x$와 $-9y$이므로 바깥쪽 항의 곱은 $2x \times -9y = -18xy$

- 안쪽 항의 곱과 바깥쪽 항의 곱의 덧셈 결과는 $-20xy - 18xy = -38xy$

4. 4단계: 전개식의 셋째 항 구하기 ← 두 다항식의 둘째 항의 곱셈

- 두 다항식의 둘째 항은 각각 $-4y$와 $-9y$이므로 이 둘의 곱은 $-4y \times -9y = 36y^2$

5. 5단계: 첫째 항 + 둘째 항 + 셋째 항

$\rightarrow (2x - 4y)(5x - 9y) = 10x^2 - 38xy + 36y^2$

◆ 다음 식을 곱셈 공식 3을 적용하여 전개하시오(선생님과 문제를 푸는 동안 문제 풀이를 아래에 적어 보세요).

① $(a + 4)(3a + 7)$

1. 1단계: 곱셈 공식 4를 적용할 수 있는 유형인지 확인 ← 항이 2개인 두 다항식의 곱셈

2. 2단계: 전개식의 첫째 항 구하기 ← 첫째 항의 곱셈

3. 3단계: 전개식의 둘째 항 구하기 ← 곱셈식의 두 안쪽 항의 곱셈 + 두 바깥쪽 항 곱셈

   • 곱셈식의 두 안쪽 항의 곱:

   • 곱셈식의 두 바깥쪽 항의 곱:

   • 안쪽 항의 곱 + 바깥쪽 항의 곱:

4. 4단계: 전개식의 셋째 항 구하기 ← 두 다항식의 둘째 항의 곱셈

5. 5단계: 첫째 항 + 둘째 항 + 셋째 항

$(a + 4)(3a + 7) =$

다항식	×	다항식	=	첫째 항	+	둘째 항	+	셋째 항
( )	×	( )	=		+		+	

항이 두 개인 두 다항식의
곱셈 전개 방법

첫째 항 곱셈	(안쪽 곱셈 + 바깥쪽 곱셈)	둘째 항 곱셈

❷ $(4a - b)(a + 5b)$

1. 1단계: 곱셈 공식 4를 적용할 수 있는 유형인지 확인 ← 항이 2개인 두 다항식의 곱셈

2. 2단계: 전개식의 첫째 항 구하기 ← 첫째 항의 곱셈

3. 3단계: 전개식의 둘째 항 구하기 ← 곱셈식의 두 안쪽 항의 곱셈 + 두 바깥쪽 항 곱셈

- 곱셈식의 두 안쪽 항의 곱:

- 곱셈식의 두 바깥쪽 항의 곱:

- 안쪽 항의 곱 + 바깥쪽 항의 곱:

4. 4단계: 전개식의 셋째 항 구하기 ← 두 다항식의 둘째 항의 곱셈

5. 5단계: 첫째 항 + 둘째 항 + 셋째 항

$(4a - b)(a + 5b) =$

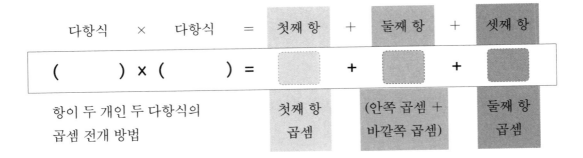

③ $(2x - y)(3x - y)$

1. 1단계: 곱셈 공식 4를 적용할 수 있는 유형인지 확인 ← 항이 2개인 두 다항식
   의 곱셈

2. 2단계: 전개식의 첫째 항 구하기 ← 첫째 항의 곱셈

3. 3단계: 전개식의 둘째 항 구하기 ← 곱셈식의 두 안쪽 항의 곱셈 + 두 바깥쪽 항
   곱셈

   ● 곱셈식의 두 안쪽 항의 곱:

   ● 곱셈식의 두 바깥쪽 항의 곱:

   ● 안쪽 항의 곱 + 바깥쪽 항의 곱:

4. 4단계: 전개식의 셋째 항 구하기 ← 두 다항식의 둘째 항의 곱셈

5. 5단계: 첫째 항 + 둘째 항 + 셋째 항

$$(2x - y)(3x - y) =$$

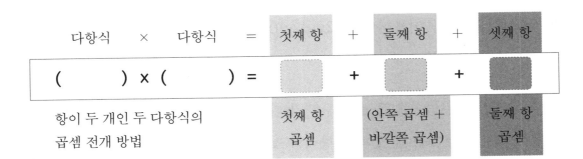

항이 두 개인 두 다항식의
곱셈 전개 방법

❶ 곱셈 공식 4를 이용하여 $(-2x - y)(x + 3y)$를 전개할 때 혼동되는 점은 무엇입니까?

지금까지 연습해 온 문제들은 각 다항식의 첫째 항이 양의 값이었는데, 주어진 문제는 첫 번째 다항식의 첫째 항이 음의 부호를 가진 경우입니다. 부호가 다르다고 당황하지 말고 곱셈 공식 4의 절차를 차근차근 적용해 봅시다. 전개식의 첫째 항인 두 다항식의 첫째 항의 곱($-2x \times x = -2x^2$), 전개식의 둘째 항인 안쪽에 위치한 두 항의 곱과 바깥쪽에 위치한 두 항의 곱의 합($-xy - 6xy = -7xy$), 전개식의 셋째 항인 두 다항식의 둘째 항의 곱($-3y^2$)을 구한 후 모두 더해 줍니다.

$\rightarrow (-2x - y)(x + 3y) = -2x^2 - 7xy - 3y^2$

② 곱셈 공식 4를 이용하여 $(-3y + 2x)(3x + 5y)$를 전개할 때 혼동되는 점은 무엇입니까?

지금까지 연습해 온 문제들은 두 다항식에 포함된 항의 순서가 동일한 경우였는데, 주어진 문제는 두 다항식에 포함된 두 항의 순서가 다른 경우입니다. 첫 다항식은 y항 다음에 x항이 왔고, 둘째 다항식은 x항 다음에 y항이 온 경우입니다. 이런 경우에는 덧셈의 교환법칙을 적용하여 두 다항식 중 한 다항식의 항의 순서를 바꿔서 두 다항식의 항의 순서를 동일하게 한 후 전개하는 것이 좋습니다. 즉, $(-3y + 2x)(3x + 5y) = (2x - 3y)(3x + 5y)$이므로 $(2x - 3y)(3x + 5y)$를 전개합니다.

$\rightarrow (2x - 3y)(3x + 5y) = 6x^2 + (-9 + 10)xy - 15y^2 = 6x^2 + xy - 15y^2$

 오늘 우리가 함께 공부한 것을 혼자서도 할 수 있는지 체크해 봅시다. 혼자서도 할 수 있으면 👍, 선생님의 도움이 더 필요하다면 ❓에 동그라미로 표시하세요.

배움 체크 리스트	👍	❓
1. 다항식에서 차수와 문자에 따라 항을 분류할 수 있습니다.		
2. 단항식과 단항식의 곱셈 방법을 이해하고 적용할 수 있습니다.		
3. 동류항을 찾아 계산할 수 있습니다.		
4. 곱셈 공식 4는 항이 2개인 다항식의 곱셈식을 전개할 때 일반적으로 적용할 수 있는 공식임을 이해하고 적용할 수 있습니다.		
5. 곱셈 공식 4를 적용하여 다항식과 다항식의 곱셈식을 전개할 때, 전개식의 첫째 항은 다항식의 두 첫째 항의 곱, 전개식의 둘째 항은 곱셈식의 안쪽에 있는 두 항의 곱과 곱셈식 바깥쪽에 위치한 두 항의 곱을 더한 값, 전개식의 셋째 항은 다항식의 둘째 항들의 곱과 같다는 것을 이해하고 적용할 수 있습니다.		
6. 다항식 첫째 항의 계수가 음수인 경우에도 곱셈 공식 4를 동일하게 적용할 수 있음을 이해하고 적용할 수 있습니다[예: $(-2x + 4)(3x - 6)$].		
7. 항의 순서가 다른 두 다항식의 곱셈식을 전개해야 할 경우, 덧셈의 교환법칙을 적용하여 항의 순서를 동일하게 한 후 곱셈식을 전개할 수 있다는 것을 이해하고 적용할 수 있습니다[예: $(-4 + 2x)(3x + 6) = (2x - 4)(3x + 6) = 6x^2 - 24$].		

혼자 풀어 보는 문제(1~7)

오늘 배운 것을 기억하면서 문제를 혼자 풀어 보는 시간입니다. 내비게이션 3.17 을 사용하면 도움이 됩니다.

✎ 다음 식을 전개하시오.

1. $(5x) \times (-3x + 5)$

2. $(-2x - 3) \times (-3x)$

3. $(3a + 4)(2a - 3)$

4. $(4x + y)(3x + 5y)$

5. $(5x - 3y)(3x - 5y)$

6. $(-3b + 5)(4b - 3)$

7. $(4b - a)(-3a + 5b)$

18차시

주어진 식의 문자에 다른 식 대입하기

사전평가(1~7) ....

✎ 다음 문제에 답하시오.

1. $(-3x) \times (-2x + 5)$를 전개하시오.

2. $x = 4$일 때, $-2x + 5$의 값을 구하시오.

3. $y = 2x - 3$일 때, $3x + 2y + 5$를 x에 대한 식으로 나타내시오.

4. $y = 3x + 2$일 때, $5x - 2y - 3$을 x에 대한 식으로 나타내시오.

5. $x = -3y + 5$일 때, $-5x + y - 7$을 y에 대한 식으로 나타내시오.

6. $x = 3a - 2b$, $y = 2a + 7b$일 때, $x - y$를 a, b에 대한 식으로 나타내시오.

7. $a = 3x - y$, $b = x + y$일 때, $3a - 2b$를 x, y에 대한 식으로 나타내시오.

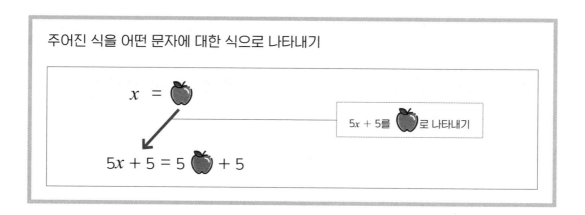

주어진 식을 어떤 문자에 대한 식으로 나타내기

✎ 다음 문제에 답하시오.

❶ $y = 2x - 5$일 때, $3x - y + 4$를 x 대한 식으로 나타내시오.

1. 1단계: **주어진 식**을 확인하고 정리

- 주어진 식은 $3x - y + 4$이고 정리가 필요 없는 식

2. 2단계: **제거할 문자** 확인

- x에 대한 식으로 나타내야 하므로 y가 제거해야 할 문자이다.

3. 3단계: 제거해야 할 문자에 **대입할 식을** 확인

- 제거해야 할 문자 y에 대입할 식은 $y = 2x - 5$

4. 4단계: 제거할 문자에 **대입할 식을** 대입

- $3x - y + 4$에 y 대신 $y = 2x - 5$를 대입

→ $3x - y + 4 = 3x - (2x - 5) + 4$

5. 5단계: **식을 전개한 후 동류항끼리 계산**

→ $\boxed{3x - (2x - 5) + 4 = 3x - 2x + 5 + 4 = x + 9}$

❷ $x = 3y + 2$일 때, $-2x - 3y + 1$을 y 대한 식으로 나타내시오.

1. 1단계: 주어진 식을 확인하고 정리

   ● 주어진 식은 $-2x - 3y + 1$이고 정리가 필요 없는 식

2. 2단계: 제거할 문자 확인

   ● y에 대한 식으로 나타내야 하므로 x가 제거해야 할 문자이다.

3. 3단계: 제거해야 할 문자에 대입할 식을 확인

   ● 제거해야 할 문자 x에 대입할 식은 $x = 3y + 2$

4. 4단계: 제거할 문자에 대입할 식을 대입

   ● $-2x - 3y + 1$에 x 대신 $x = 3y + 2$를 대입

   → $-2x - 3y + 1 = -2(3y + 2) - 3y + 1$

5. 5단계: 식을 전개한 후 동류항끼리 계산

   → $\boxed{-2(3y + 2) - 3y + 1 = -6y - 4 - 3y + 1 = -9y - 3}$

❸ $x = a - 3b, y = 2a + b$일 때, $3x - y$를 a, b에 대한 식으로 나타내시오.

1. 1단계: 주어진 식을 확인하고 정리

   ● 주어진 식은 $3x - y$이고 정리가 필요 없는 식

2. 2단계: 제거할 문자 확인

 • a, b에 대한 식으로 나타내야 하므로 x, y를 둘 다 제거해야 한다.

3. 3단계: 제거해야 할 문자에 대입할 식을 확인

 • 제거해야 할 문자 x에 대입할 식은 $x = a - 3b$

 • 제거해야 할 문자 y에 대입할 식은 $y = 2a + b$

4. 4단계: 제거할 문자에 대입할 식을 대입

 • $3x - y$에 x 대신 $x = a - 3b$, y 대신 $y = 2a + b$를 대입

→ $3x - y = 3(a - 3b) - (2a + b)$

5. 5단계: 식을 전개한 후 동류항끼리 계산

→ $3(a - 3b) - (2a + b) = 3a - 9b - 2a - b = a - 10b$

◆ 다음 문제에 답하시오(선생님과 문제를 푸는 동안 문제 풀이를 아래에 적어 보세요).

① $y = 2x - 1$일 때, $4x - 3y$를 x에 대한 식으로 나타내시오.

1. 1단계: **주어진 식을 확인하고 정리**

2. 2단계: **제거할 문자 확인**

3. 3단계: 제거해야 할 문자에 **대입할 식을 확인**

4. 4단계: 제거할 문자에 **대입할 식을 대입**

5. 5단계: **식을 전개한 후 동류항끼리 계산**

❷ $x = -y + 2$일 때, $-3x - y + 1$을 y에 대한 식으로 나타내시오.

1. 1단계: **주어진 식을 확인하고 정리**

2. 2단계: **제거할 문자** 확인

3. 3단계: 제거해야 할 문자에 **대입할 식을 확인**

4. 4단계: 제거할 문자에 **대입할 식을 대입**

5. 5단계: **식을 전개한 후 동류항끼리 계산**

❸ $x = a - 2b, y = a + b$일 때, $x - 2y$를 a, b에 대한 식으로 나타내시오.

1. 1단계: 주어진 식을 확인하고 정리

2. 2단계: 제거할 문자 확인

3. 3단계: 제거해야 할 문자에 대입할 식을 확인

4. 4단계: 제거할 문자에 대입할 식을 대입

5. 5단계: 식을 전개한 후 동류항끼리 계산

1 $a = 2x - y$, $b = 3x + 2y$일 때, $5a - 2(a - b)$를 x, y에 대한 식으로 나타낼 때 혼동되는 점은 무엇입니까?

지금까지 연습해 온 문제들은 주어진 식이 더 이상 정리할 수 없는 간단한 식이었는데, 이 문제는 주어진 식이 정리가 필요한 식입니다. 문제를 풀기 전에 가장 먼저 해야 할 일은 주어진 식 $5a - 2(a - b)$를 정리하여 $5a - 2(a - b) = 3a + 2b$로 간단하게 바꾸는 일입니다. 이 문제를 풀기 위해서는 또한 a, b 대신에 x와 y를 포함하는 문자식을 대입해야 합니다.

$$\to 3a + 2b = 3(2x - y) + 2(3x + 2y) = 6x - 3y + 6x + 4y = 12x + y$$

2 $x = a + b$, $y = 2a + 3b$일 때, $\dfrac{2x}{4} - \dfrac{y}{3}$를 a, b에 대한 식으로 나타낼 때 혼동되는 점은 무엇입니까?

이 문제도 주어진 식에 x, y 값을 대입하기 전에 주어진 식을 정리해야 하는 문제입니다. 이 문제는 문자가 있는 분수식이어서 정리가 더 까다롭다고 생각할 수 있습니다. 먼저, 주어진 식을 정리하면 $\dfrac{2x}{4} - \dfrac{y}{3} = \dfrac{6x}{12} - \dfrac{4y}{12} = \dfrac{6x - 4y}{12}$입니다.

x, y 값을 대입하면 $\dfrac{6x - 4y}{12} = \dfrac{6(a + b) - 4(2a + 3b)}{12} = \dfrac{-2a - 6b}{12} = \dfrac{-a - 3b}{6}$입니다.

오늘 우리가 함께 공부한 것을 혼자서도 할 수 있는지 체크해 봅시다. 혼자서도 할 수 있으면 👍, 선생님의 도움이 더 필요하다면 ❓에 동그라미로 표시하세요.

배움 체크 리스트	👍	❓
1. 단항식과 다항식의 곱셈 방법을 이해하고 적용할 수 있습니다.		
2. 문자가 있는 식에 문자 대신 수를 대입하여 식의 값을 구할 수 있습니다(예: $x = 3$ 일 때, $2x + 4$를 구하여라).		
3. 어떤 문자에 대한 식으로 나타낸다는 것은 식을 정리하여 다른 문자는 다 제거하고, 그 특정 문자만 정리된 식에 남긴다는 뜻이라는 것을 이해하고 적용할 수 있습니다.		
4. 주어진 식을 어떤 문자에 대한 식으로 나타낼 때, 주어진 식과 대입해야 할 식을 구분할 수 있습니다.		
5. 문자 대신 식을 대입하기 전에 주어진 식을 먼저 간단히 정리해야 함을 이해하고 적용할 수 있습니다.		
6. 주어진 식을 어떤 문자에 대한 식으로 나타낼 때, 주어진 식에서 제거할 문자를 확인하여 대입할 식을 제거할 문자에 대입함을 이해하고 적용할 수 있습니다.		
7. 주어진 식의 제거할 문자에 대입할 식을 대입한 후, 식을 전개하고 동류항끼리 계산한다는 것을 이해하고 적용할 수 있습니다.		

혼자 풀어 보는 문제(1~7)

오늘 배운 것을 기억하면서 문제를 혼자 풀어 보는 시간입니다. 내비게이션 3.18 을 사용하면 도움이 됩니다.

🖊 다음 문제에 답하시오.

1. $(-4x) \times (-3x - 2)$를 전개하시오.

2. $x = 3$일 때, $-5x + 3$의 값을 구하시오.

3. $y = 3x - 1$일 때, $3x + 2y + 5$를 x에 대한 식으로 나타내시오.

4. $y = 4x + 3$일 때, $5x - 2y - 3$을 x에 대한 식으로 나타내시오.

5. $x = -2y + 7$일 때, $-5x + y - 7$을 y에 대한 식으로 나타내시오.

6. $x = 2a - 5b$, $y = 7a + 3b$일 때, $x - y$를 a, b에 대한 식으로 나타내시오.

7. $a = x - 3y$, $b = 4x + y$일 때, $3a - 2b$를 x, y에 대한 식으로 나타내시오.

등식의 변형 – 등식을 한 문자에 대해 풀기

사전평가(1~7)

✏️ 다음 문제를 풀어 보시오.

1. $(-10x + 5) \div 5$를 전개하시오.

2. $\dfrac{9x - 3}{-3}$을 간단히 정리하시오.

3. $3x + 6y = 18$을 y에 대하여 풀어 보시오.

4. $-3a + 7b = 21$을 b에 대하여 풀어 보시오.

5. $5x + y = 3y + 12$를 y에 대하여 풀어 보시오.

6. $2ab - 8a + 24 = 0$을 b에 대하여 풀어 보시오.

7. $T = M(2 + RN)$일 때, N에 대하여 풀어 보시오.

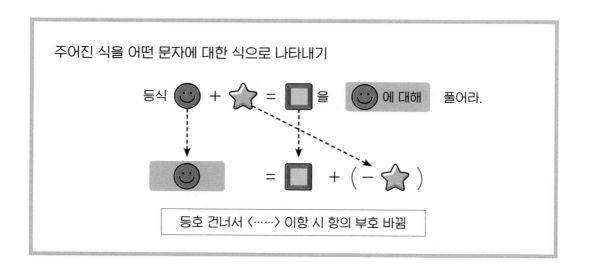

주어진 식을 어떤 문자에 대한 식으로 나타내기

등호 건너서 〈······〉 이항 시 항의 부호 바뀜

◆ 다음 등식을 주어진 문자에 대해 풀어 보시오.

❶ $8x - 2y - 12 = 2y$를 y에 대하여 풀어 보시오.

1. **1단계: 주어진 등식을 어떤 문자에 대해 풀어야 하는지 확인하고 표시**

    ● 주어진 등식은 y에 대해 풀어야 하므로 $-2y$와 $2y$에 표시

    → $8x$ $-2y$ $- 12 =$ $2y$

2. **2단계: 주어진 문자를 포함한 항을 좌변으로 이항**

    ● 문자 y를 포함하는 항은 $-2y$와 $2y$인데, $-2y$는 좌변에 있으므로 그대로 두고 우변에 있는 $2y$는 $-2y$로 바꿔 좌변으로 이항

    → $8x$ $- 2y$ $- 12 =$ $+ 2y$

     $8x$ $- 2y$ $- 2y$ $- 12 = 0$

3. **3단계: 주어진 문자를 포함하는 항의 동류항 정리**

    → $8x$ $- 2y$ $- 2y$ $- 12 = 0$

     $8x - 4y - 12 = 0$

4. **4단계: 나머지 항을 우변으로 이항하고 동류항 정리**

    ● 등식 $8x - 4y - 12 = 0$에서 좌변에 있는 $8x$를 $-8x$로 바꾸고, -12를 12로 바꿔 우변으로 이항

$$\rightarrow 8x - 4y - 12 = 0$$

$$-4y = -8x + 12$$

5. 5단계: 좌변 문자항의 계수로 양변 나눔

- 좌변 항 $-4y$의 계수는 -4이므로 -4로 양변 나눔

$$\rightarrow -4y = -8x + 12$$

$$\frac{-4y}{-4} = \frac{-8x + 12}{-4}$$

$$y = 2x - 3$$

❷ $6x + 3y = 18$을 y에 대하여 풀어 보시오.

1. 1단계: 주어진 등식을 **어떤 문자에 대해 풀어야 하는지 확인하고 표시**

- 주어진 등식은 y에 대해 풀어야 하므로 $3y$에 표시

$$\rightarrow 6x + 3y = 18$$

2. 2단계: 주어진 **문자를 포함한 항을 좌변으로 이항**

- 문자 y를 포함하는 항은 $3y$인데, 좌변에 있으므로 이항이 필요 없음

$$\rightarrow 6x + 3y = 18$$

3. 3단계: 주어진 문자를 포함하는 항의 **동류항 정리**

- $3y$는 동류항이 없으므로 더 이상 동류항 정리가 필요하지 않음

$$\rightarrow 6x + 3y = 18$$

4. 4단계: **나머지 항을 우변으로 이항**하고 동류항 정리

- 등식 $6x + 3y = 18$에서 좌변에 있는 $6x$를 $-6x$로 바꿔 우변으로 이항

$$\rightarrow \quad \boxed{6x} + 3y = 18$$
$$3y = \boxed{-6x} + 18$$

5. 5단계: 좌변 문자항의 계수로 양변 나눔

- 좌변 항 $3y$의 계수는 3이므로 3으로 양변 나눔

$$\rightarrow \boxed{3}y = -6x + 18$$
$$\frac{3y}{3} = \frac{-6x + 18}{3}$$
$$\boxed{y = -2x + 6}$$

❸ $2a + 4b = 6a + 12$를 b에 대하여 풀어 보시오.

1. 1단계: 주어진 등식을 **어떤 문자에 대해 풀어야 하는지 확인**하고 표시

- 주어진 등식은 b에 대해 풀어야 하므로 $4b$에 표시

$$\rightarrow 2a + \boxed{4b} = 6a + 12$$

2. 2단계: 주어진 **문자를 포함한 항을 좌변으로 이항**

- 문자 b를 포함하는 항은 $4b$인데, $4b$는 좌변에 있으므로 이항이 필요 없음

$$\rightarrow 2a + \boxed{4b} = 6a + 12$$

3. 3단계: 주어진 문자를 포함하는 항의 **동류항 정리**

- $4b$의 동류항이 없으므로 더 이상 정리가 필요하지 않음

$\rightarrow 2a + \boxed{4b} = 6a + 12$

4. 4단계: **나머지 항을 우변으로 이항**하고 동류항 정리

- 등식 $2a + 4b = 6a + 12$에서 좌변의 $2a$를 $-2a$로 바꿔 우변으로 이항

$\rightarrow \qquad \boxed{2a} + 4b = 6a + 12$

$$4b = 6a + 12 + \boxed{-2a}$$

$$4b = 4a + 12$$

5. 5단계: **좌변 문자항의 계수로 양변 나눔**

- 좌변 항 $4b$의 계수는 4이므로 4로 양변 나눔

$\rightarrow \boxed{4}b = 4a + 12$

$$\frac{4b}{4} = \frac{4a + 12}{4}$$

$$b = a + 3$$

◆ 다음 문제에 답하시오(선생님과 문제를 푸는 동안 문제 풀이를 아래에 적어 보세요).

❶ $2x - 4 + 2y = 0$을 y에 대하여 풀어 보시오.

1. 1단계: 주어진 등식을 어떤 문자에 대해 풀어야 하는지 확인하고 표시

2. 2단계: 주어진 문자를 포함한 항을 좌변으로 이항

3. 3단계: 주어진 문자를 포함하는 항의 **동류항 정리**

4. 4단계: 나머지 항을 우변으로 이항하고 동류항 정리

5. 5단계: 좌변 문자항의 계수로 양변 나눔

❷ $4x = -y + 2$를 y에 대하여 풀어 보시오.

1. 1단계: 주어진 등식을 **어떤 문자에 대해 풀어야 하는지 확인하고 표시**

2. 2단계: 주어진 **문자를 포함한 항을 좌변으로 이항**

3. 3단계: 주어진 문자를 포함하는 항의 **동류항 정리**

4. 4단계: **나머지 항을 우변으로 이항**하고 동류항 정리

5. 5단계: 좌변 문자항의 계수로 양변 나눔

❸ $5ab - 5a + 10 = 0$을 b에 대하여 풀어 보시오.

1. 1단계: 주어진 등식을 **어떤 문자에 대해 풀어야 하는지 확인하고 표시**

2. 2단계: 주어진 **문자를 포함한 항을 좌변으로 이항**

3. 3단계: 주어진 문자를 포함하는 항의 **동류항 정리**

4. 4단계: **나머지 항을 우변으로 이항**하고 동류항 정리

5. 5단계: 좌변 문자항의 계수로 양변 나눔

1 $T = a(2 + rb)$를 r에 대하여 풀 때 혼동되는 점은 무엇입니까?

 이 문제는 r을 포함하는 항을 좌변으로 이항하기 전에 먼저 주어진 등식을 전개하여야 합니다.

$\rightarrow T = a(2 + rb) = 2a + abr$

다음은 $T = 2a + abr$을 r에 대하여 풀어야 하므로 r이 있는 항인 abr을 좌변으로 이항하고, 나머지 항들은 우변으로 이항합니다.

$\rightarrow -abr = 2a - T$

다음은 문자 r만 남기기 위해 그 항에 포함된 나머지 값으로 양변을 나눕니다.

$$\rightarrow \frac{-abr}{-ab} = \frac{2a - T}{-ab}; r = \frac{-2}{b} + \frac{T}{ab}$$

2 $a = \dfrac{1}{b} - 2$를 b에 대하여 풀 때 혼동되는 점은 무엇입니까?

 이 문제는 지금까지 배운 절차를 적용한 후, 분모에 있는 b에 대해 풀기 위해 양변의 역수를 구해야 하는 문제입니다.

$$\rightarrow a = \frac{1}{b} - 2$$

$$-\frac{1}{b} = -a - 2$$

$$-\frac{1}{b} = \frac{-a-2}{1}$$

$$b = \frac{1}{a+2}$$

양변의 역수를 취한 후,
양변을 -1로 나누었다.

❸ 원뿔의 부피를 구하는 공식 $v = \frac{1}{3}\pi r^2 h$를 h에 대하여 풀 때 혼동되는 점은 무엇입니까?

이 문제는 주어진 등식을 h에 대해 풀기 위해 양변을 $\frac{1}{3}\pi r^2$으로 나눠야 합니다.

$$\rightarrow h = v \div \frac{1}{3}\pi r^2$$

$$h = v \times \frac{3}{\pi r^2}$$

$$= \frac{3v}{\pi r^2}$$

분수의 나눗셈을 계산하기 위해
나눗셈 기호를 곱셈 기호로 바꾸고
제수의 역수를 곱했다.

오늘 우리가 함께 공부한 것을 혼자서도 할 수 있는지 체크해 봅시다. 혼자서도 할 수 있으면 👍, 선생님의 도움이 더 필요하다면 ❓에 동그라미로 표시하세요.

배움 체크 리스트	👍	❓
1. 다항식과 단항식의 나눗셈 방법을 이해하고 적용할 수 있습니다.		
2. 단항식과 단항식 또는 단항식과 수의 나눗셈 방법을 이해하고 적용할 수 있습니다.		
3. 등식의 성질을 이해하고, 이항을 하면 항의 부호가 반대가 된다는 것을 이해하고 적용할 수 있습니다.		
4. 어떤 문자에 대하여 푼다는 것이 무슨 뜻인지 이해하고 적용할 수 있습니다.		
5. 어떤 문자에 대하여 풀 때, 어떤 문자를 가진 항들을 좌변으로 이항하여 동류항이 있으면 정리한다는 것을 이해하고 적용할 수 있습니다.		
6. 어떤 문자에 대하여 풀 때, 어떤 문자 외의 나머지 항들은 우변으로 이항하고 동류항이 있으면 정리한다는 것을 이해하고 적용할 수 있습니다.		
7. 어떤 문자에 대하여 풀 때, 우변 항과 좌변 항을 정리한 후 좌변 항의 계수로 좌변과 우변을 동시에 나눈다는 것을 이해하고 적용할 수 있습니다.		

오늘 배운 것을 기억하면서 문제를 혼자 풀어 보는 시간입니다. 내비게이션 3.19 를 사용하면 도움이 됩니다.

Level 3
19차시

◆ 다음 문제에 답하시오.

1. $(-15x + 21) \div 3$을 간단히 정리하시오.

2. $\dfrac{7x - 28}{-7}$을 간단히 정리하시오.

3. $x + 4y = 24$를 y에 대하여 풀어 보시오.

4. $-6a + 2b = 6$을 b에 대하여 풀어 보시오.

5. $12x + 2y = 5y + 12$를 y에 대하여 풀어 보시오.

6. $3ab - 9a + 27 = 0$을 b에 대하여 풀어 보시오.

7. $S = T(3 - UR)$일 때, R에 대하여 풀어 보시오.

미지수가 2개인 일차방정식의 해 구하기

20차시

사전평가(1~7)

◈ 다음 문제를 풀어 보시오.

1. 일차방정식 $-10x - 5 = 5$를 풀어 보시오.

2. $3x + 12 = 0$의 해를 구하시오.

3. x와 y가 자연수일 때, $2x + y = 5$를 풀어 보시오.

4. a, b가 자연수일 때, $3a + 7b = 30$을 풀어 보시오.

5. x와 y가 자연수일 때, $5x + y = 12$를 풀어 보시오.

6. x와 y가 자연수일 때, $4x + y = 9$의 해를 구하시오.

7. a와 b가 자연수일 때, $2a + 5b = 22$의 해를 구하시오.

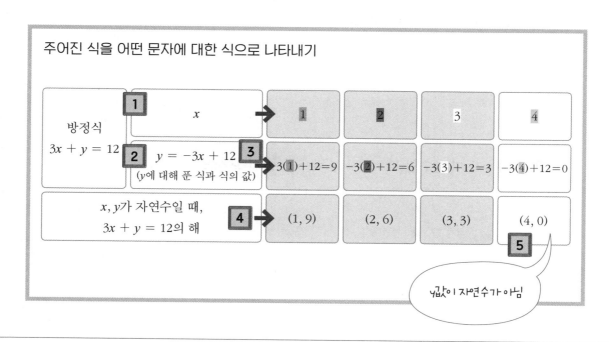

🖋 다음 방정식을 풀어 보시오.

❶ x, y가 자연수일 때, 방정식 $6x + 3y = 18$을 풀어 보시오.

1. 1단계: x값을 작은 수부터 왼쪽에서 오른쪽으로 씀(표의 첫 줄)

   ● x의 범위가 자연수이므로 자연수 1부터 왼쪽에서 오른쪽으로 쓴다.

2. 2단계: 방정식을 y에 대해 풂 ← y값을 좌변에, 나머지 항을 우변에 두고, y항의 계수로 양변을 나눔

   ● 주어진 등식 $6x + 3y = 18$을 y에 대해 풀면,

   → $3y = -6x + 18$

   　$y = -2x + 6$

3. 3단계: 각 x값을 y식에 대입하여 y값 구함

   ● $y = -2x + 6$에 각 열의 x값을 대입하여 y값을 구하면,

   ● $x = 1$일 때, $y = -2x + 6 = -2(1) + 6 = 4$

   ● $x = 2$일 때, $y = -2x + 6 = -2(2) + 6 = 2$

   ● $x = 3$일 때, $y = -2x + 6 = -2(3) + 6 = 0$

4. 4단계: x값, y값을 순서쌍으로 씀

   → $(1, 4), (2, 2), (3, 0)$

5. 5단계: 주어진 수의 범위 안에 있는 순서쌍만 답으로 씀

- (3, 0)은 y값이 0인 경우인데, 0은 자연수가 아니다. 따라서 (3, 0)은 방정식의 해가 아니다.

- x와 y가 자연수일 때, $6x + 3y = 18$의 해는 (1, 4), (2, 2)

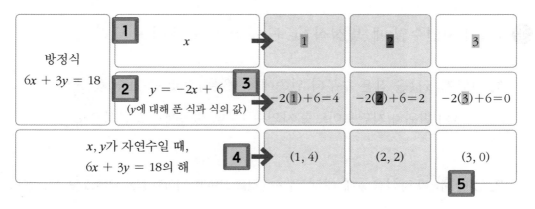

❷ x, y가 자연수일 때, $3x + y = 9$를 풀어 보시오.

1. 1단계: x값을 작은 수부터 왼쪽에서 오른쪽으로 씀(표의 첫 줄)

- x의 범위가 자연수이므로, 자연수 1부터 왼쪽에서 오른쪽으로 쓴다.

2. 2단계: 방정식을 y에 대해 풂 ← y값을 좌변에 나머지 항을 우변에 두고, y항의 계수로 양변을 나눔

- 주어진 등식 $3x + y = 9$를 y에 대해 풀면,

  $y = -3x + 9$

3. 3단계: 각 x값을 y식에 대입하여 y값 구함

- $y = -3x + 9$에 각 열의 x값을 대입하여 y값을 구하면,

- $x = 1$일 때, $y = -3x + 9 = -3(1) + 9 = 6$

- $x = 2$일 때, $y = -3x + 9 = -3(2) + 9 = 3$

- $x = 3$일 때, $y = -3x + 9 = -3(3) + 9 = 0$

4. 4단계: x값, y값을 순서쌍으로 씀

→ $(1, 6), (2, 3), (3, 0)$

5. 5단계: 주어진 수의 범위 안에 있는 순서쌍만 답으로 씀

- $(3, 0)$은 y값이 0인 경우인데, 0은 자연수가 아니다. 따라서 $(3, 0)$은 방정식의 해가 아니다.

- x와 y가 자연수일 때, $3x + y = 9$의 해는 $(1, 6), (2, 3)$

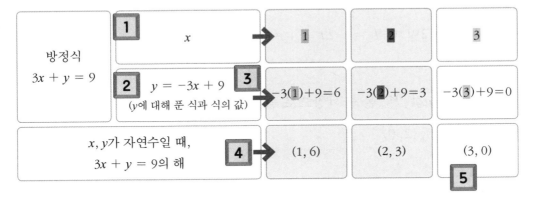

❸ a, b가 자연수일 때, $1500a + 750b = 3000$을 풀어 보시오.

1. 1단계: a값을 작은 수부터 왼쪽에서 오른쪽으로 씀(표의 첫 줄)

- a의 범위가 자연수이므로 자연수 1부터 왼쪽에서 오른쪽으로 쓴다.

2. 2단계: 방정식을 b에 대해 풂 ← b값을 좌변에, 나머지 항을 우변에 두고, b항의 계수로 양변을 나눔

- 주어진 등식 $1500a + 750b = 3000$을 b에 대해 풀면,

$\rightarrow 750b = -1500a + 3000$

$$b = -2a + 4$$

3. 3단계: 각 a값을 b식에 대입하여 b값 구함

- $b = -2a + 4$에 각 열의 a값을 대입하여 b값을 구하면,
- $a = 1$일 때, $b = -2a + 4 = -2(1) + 4 = 2$
- $a = 2$일 때, $b = -2a + 4 = -2(2) + 4 = 0$

4. 4단계: a값, b값을 순서쌍으로 씀

$\rightarrow (1, 2), (2, 0)$

5. 5단계: 주어진 수의 범위 안에 있는 순서쌍만 답으로 씀

- $(2, 0)$은 b값이 0인 경우인데, 0은 자연수가 아니다. 따라서 $(2, 0)$은 방정식의 해가 아니다.
- a와 b가 자연수일 때, $1500a + 750b = 3000$의 해는 $(1, 2)$

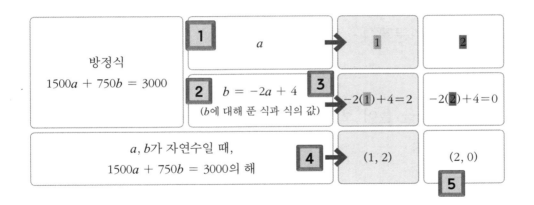

방정식
$1500a + 750b = 3000$

1 $\quad a$ → $\boxed{1}$ $\qquad \boxed{2}$

2 $\quad b = -2a + 4$ **3** → $-2(\boxed{1})+4=2$ $\quad -2(\boxed{2})+4=0$
(*b*에 대해 푼 식과 식의 값)

a, b가 자연수일 때,
$1500a + 750b = 3000$의 해 **4** → $(1, 2)$ $\qquad (2, 0)$ **5**

Level 3
20차시

◆ 다음 방정식을 풀어 보시오(선생님과 문제를 푸는 동안 문제 풀이를 아래에 적어 보세요).

① x, y가 자연수일 때, $2x + y = 11$을 풀어 보시오.

1. 1단계: x값을 작은 수부터 왼쪽에서 오른쪽으로 씀(표의 첫 줄)

2. 2단계: 방정식을 y에 대해 풂 ← y값을 좌변에, 나머지 항을 우변에 두고, y항의 계수로 양변을 나눔

3. 3단계: 각 x값을 y식에 대입하여 y값 구함

4. 4단계: x값, y값을 순서쌍으로 씀

5. 5단계: 주어진 수의 범위 안에 있는 순서쌍만 답으로 씀

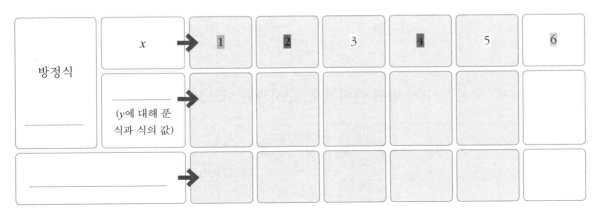

❷ x, y가 자연수일 때, $4x + y = 14$를 풀어 보시오.

1. 1단계: x값을 작은 수부터 왼쪽에서 오른쪽으로 씀(표의 첫 줄)

2. 2단계: 방정식을 y에 대해 풂 ← y값을 좌변에 나머지 항을 우변에 두고, y항의 계수로 양변을 나눔

3. 3단계: 각 x값을 y식에 대입하여 y값 구함

4. 4단계: x값, y값을 순서쌍으로 씀

5. 5단계: 주어진 수의 범위 안에 있는 순서쌍만 답으로 씀

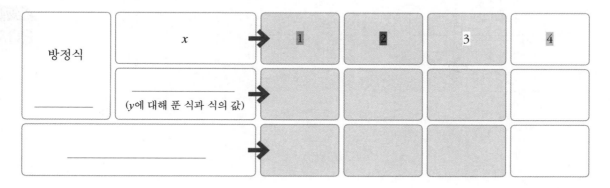

방정식 _____	x ⟶	1	2	3	4
	_____ (y에 대해 푼 식과 식의 값) ⟶				
_____ ⟶					

❸ a, b가 자연수일 때, $1500a + 1000b = 7500$을 풀어 보시오.

1. 1단계: a값을 작은 수부터 왼쪽에서 오른쪽으로 씀

2. 2단계: 방정식을 b에 대해 풂 ← b값을 좌변에, 나머지 항을 우변에 두고, b항의 계수로 양변을 나눔

3. 3단계: 각 a값을 b식에 대입하여 b값 구함

4. 4단계: a값, b값을 순서쌍으로 씀

5. 5단계: 주어진 수의 범위 안에 있는 순서쌍만 답으로 씀

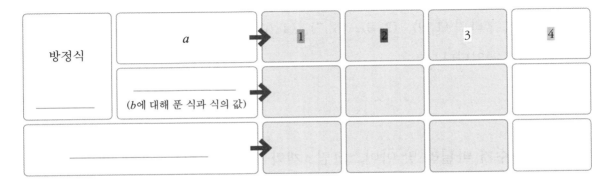

❶ x, y가 자연수일 때, $3x + y = 2(x + 5)$를 풀 때 혼동되는 점은 무엇입니까?

이 문제는 y에 대해 등식을 풀기 전에 먼저 주어진 등식을 분배법칙을 적용하여 정리하여야 하는 문제입니다. $3x + y = 2(x + 5)$는 $y = -x + 10$으로 정리됩니다. 정리 후 표를 만들어 등식을 만족시키는 x, y 값을 구하면 $(1, 9)$, $(2, 8)$, $(3, 7)$, $(4, 6)$, $(5, 5)$, $(6, 4)$, $(7, 3)$, $(8, 2)$, $(9, 1)$입니다.

❷ 지수가 바닐라 맛 아이스크림 x개와 민트 맛 아이스크림 y개를 합하여 7개의 아이스크림을 샀을 경우, 지수가 아이스크림을 종류별로 몇 개씩 샀는지 알아보는 문제를 풀 때 혼동되는 점은 무엇입니까?

이 문제는 x, y값을 구하기 위해 먼저 주어진 상황을 나타내는 식을 세워야 합니다. 주어진 상황은 $x + y = 7$로 표현할 수 있습니다. 미지수가 2개인 방정식이 됩니다. 표를 사용하여 방정식의 해를 구하면 $(1, 6)$, $(2, 5)$, $(3, 4)$, $(5, 2)$, $(6, 1)$입니다.

❸ x, y가 자연수일 때, $3x + 2y = 10$의 해를 구할 때 혼동되는 점은 무엇입니까?

이 문제를 풀기 위해 주어진 등식을 y에 대해 풀면 $y = -\dfrac{3}{2}x + 5$가 됩니다. 표를 그려 방정식의 해를 구하기 위해 x값을 1부터 대입하면 y값이 분수나 소수가 되는 경우가 있다는 것을 알게 됩니다. 이런 경우는 x의 계수인 $-\dfrac{3}{2}$의 분모의 배수(2, 4, 6, 8…)를 대입하면 분수나 소수가 아닌 y값을 갖게 되어 문제 풀이 시간을 줄이고 오류 가능성을 줄일 수 있습니다. 즉, $x = 2$일 때 $y = 2$, $x = 4$일 때 $y = -1$… 최종 답을 확정하기 위해 x, y를 자세히 살펴보면, $x = 4$일 때는 $y = -1$이므로 자연수가 아닌 y를 갖게 됩니다. 따라서 등식 $3x + 2y = 10$의 자연수 해는 $x = 2$일 때 $y = 2$뿐입니다.

오늘 우리가 함께 공부한 것을 혼자서도 할 수 있는지 체크해 봅시다. 혼자서도 할 수 있으면 👍, 선생님의 도움이 더 필요하다면 ❓에 동그라미로 표시하세요.

배움 체크 리스트	👍	❓
1. 다항식과 단항식의 나눗셈 방법을 이해하고 적용할 수 있습니다.		
2. 문자에 어떤 값을 대입하여 식의 값을 구할 수 있습니다.		
3. 어떤 문자에 대하여 푼다는 것이 무슨 뜻인지 이해하고 적용할 수 있습니다.		
4. 미지수가 2개인 일차방정식의 해인 x, y가 여러 개일 수 있다는 것을 이해하고 적용할 수 있습니다.		
5. 미지수가 2개인 일차방정식을 풀 때, 등식을 문자 y에 대해 푼 후 x값을 가장 작은 수부터 대입하여 y값을 구한다는 것을 이해하고 적용할 수 있습니다.		
6. 미지수가 2개인 일차방정식의 해는 순서쌍(x, y)으로 나타낼 수 있음을 이해하고 적용할 수 있습니다.		
7. 등식을 만족시키는 해를 구한 후, 주어진 수의 범위(예: x와 y 모두 자연수)에 있는 x, y 순서쌍만 최종답으로 선택한다는 것을 이해하고 적용할 수 있습니다.		

오늘 배운 것을 기억하면서 문제를 혼자 풀어 보는 시간입니다. 내비게이션 3.20 을 사용하면 도움이 됩니다.

◆ 다음 문제에 답하시오.

1. 일차방정식 $-5x - 10 = 5$를 풀어 보시오.

2. $3x + 15 = 0$의 해를 구하시오.

3. x와 y가 자연수일 때, $2x + y = 6$을 풀어 보시오.

4. a, b가 자연수일 때, $3a + 7b = 20$을 풀어 보시오.

5. x와 y가 자연수일 때, $5x + y = 12$를 풀어 보시오.

6. x와 y가 자연수일 때, $x + 2y = 13$의 해를 구하시오.

7. a와 b가 자연수일 때, $2a + 5b = 27$의 해를 구하시오.

연립방정식의 해 구하기 1 – 대입법

사전평가(1~7)

✐ 다음 문제를 풀어 보시오.

1. x와 y가 자연수일 때, $2x + y = 5$를 풀어 보시오.

2. x와 y가 자연수일 때, $5x + y = 12$를 풀어 보시오.

3. x와 y가 자연수일 때, 연립방정식 $\begin{cases} x + y = 5 \\ x - y = 1 \end{cases}$ 을 대입법을 사용해 풀어 보시오.

4. x와 y가 자연수일 때, 연립방정식 $\begin{cases} x + 2y = 7 \\ x - y = 1 \end{cases}$ 을 대입법을 사용해 풀어 보시오.

5. 연립방정식 $\begin{bmatrix} x = y - 1 \\ x + 2y = 5 \end{bmatrix}$ 을 대입법을 사용해 풀어 보시오.

6. 연립방정식 $\begin{bmatrix} 3(x - 2) = 4(y - 3) \\ 2x - y = 1 \end{bmatrix}$ 을 대입법을 사용해 풀어 보시오.

7. 연립방정식 $\begin{bmatrix} 0.2y = 0.4x - 0.2 \\ x - 3y = -7 \end{bmatrix}$ 을 대입법을 사용해 풀어 보시오.

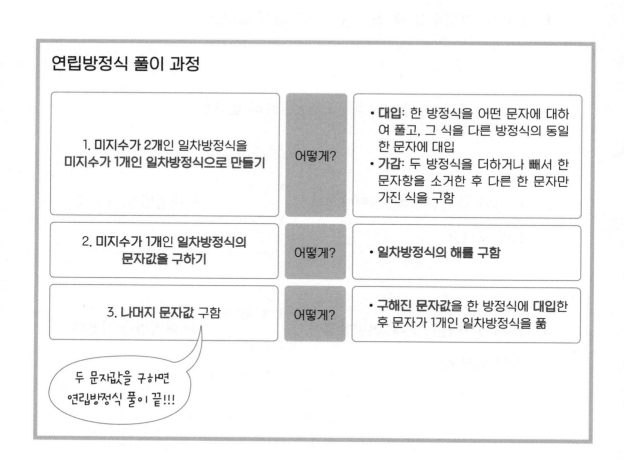

연립방정식 풀이 과정

1. 미지수가 2개인 일차방정식을 미지수가 1개인 일차방정식으로 만들기	어떻게?	• **대입**: 한 방정식을 어떤 문자에 대하여 풀고, 그 식을 다른 방정식의 동일한 문자에 대입 • **가감**: 두 방정식을 더하거나 빼서 한 문자항을 소거한 후 다른 한 문자만 가진 식을 구함
2. 미지수가 1개인 일차방정식의 **문자값을 구하기**	어떻게?	• **일차방정식의 해를 구함**
3. **나머지 문자값** 구함	어떻게?	• **구해진 문자값**을 한 방정식에 대입한 후 문자가 1개인 일차방정식을 풂

두 문자값을 구하면 연립방정식 풀이 끝!!!

보여 주는 문제(1~3)

✐ 다음 연립방정식을 대입법을 사용해 풀어 보시오.

❶ 연립방정식 $\begin{cases} y = x + 3 \\ -x + 3y = 7 \end{cases}$ 을 풀어 보시오.

1. 1단계: 두 일차방정식 정리하기 ← 괄호식은 풀고, 분수식은 분모의 최소공배수를 양변에 곱하고, 소수식은 10이나 10의 거듭제곱수를 곱해 정수식으로 바꿈

● 주어진 방정식들 $y = x + 3$, $-x + 3y = 7$은 정리가 필요치 않다.

2. 2단계: 한 방정식을 어떤 문자에 대해 풀기 ← 어떤 문자는 좌변으로, 나머지 항은 우변으로 이항하고, 어떤 문자의 계수로 양변을 나눔

● 주어진 문제에는 $y = x + 3$이 있으므로 $y = x + 3$을 사용한다.

3. 3단계: 어떤 문자(미지수)에 대해 푼 식을 다른 방정식의 동일한 문자에 대입하기

● $y = x + 3$을 $-x + 3y = 7$의 y 대신 대입한다.

→ $-x + 3(x + 3) = 7$

4. 4단계: 동류항을 정리하고 일차식을 풀어 포함된 문자값(미지수) 구하기

→ $-x + 3(x + 3) = 7$

$-x + 3x + 9 = 7$

$$2x = -2$$

$$x = -1$$

5. 5단계: 구한 문자값을 첫 번째 일차방정식에 대입하여 나머지 문자값 구하기

- 첫째 방정식 $y = x + 3$에 $x = -1$을 대입하면 $y = (-1) + 3 = 2$ 이다.

6. 6단계: 두 문자값이 참 해인지 체크하기 ← 두 번째 방정식에 두 문자값을 대입하여 등식이 성립하면 두 문자값은 연립방정식의 해

- $x = -1, y = 2$를 $-x + 3y = 7$에 대입하면 $-(-1) + 3(2) = 7$로 등식이 참이 된다.
- 연립방정식의 해는 $x = -1, y = 2$이다.

❷ 연립방정식 $\begin{bmatrix} 2(x + y) = 12 \\ x + 2y = 10 \end{bmatrix}$ **을 풀어 보시오.**

1. 1단계: 두 일차방정식 정리하기 ← 괄호식은 풀고, 분수식은 분모의 최소공배수를 양변에 곱하고, 소수식은 10이나 10의 거듭제곱수를 곱해 정수식으로 바꿈

- 주어진 방정식 $2(x + y) = 12$는 괄호가 있으므로 괄호를 풀면,

$$\rightarrow 2(x + y) = 12$$

$$2x + 2y = 12$$

2. 2단계: 한 방정식을 어떤 문자에 대해 풀기 ← 어떤 문자는 좌변으로, 나머지 항은 우변으로 이항하고, 어떤 문자의 계수로 양변을 나눔

- $2x + 2y = 12$를 y에 대하여 풀면,

→ $2y = -2x + 12$

$y = -x + 6$이다.

3. 3단계: 어떤 문자(미지수)에 대해 푼 식을 다른 방정식의 동일한 문자에 대입하기

- y에 대하여 푼 식 $y = -x + 6$을 $x + 2y = 10$의 y 자리에 대입한다.

→ $x + 2(-x + 6) = 10$

4. 4단계: 동류항을 정리하고 일차식을 풀어 포함된 문자값(미지수) 구하기

→ $x + 2(-x + 6) = 10$

$x - 2x + 12 = 10$

$-x = -2$

$x = 2$

5. 5단계: 구한 문자값을 첫 번째 일차방정식에 대입하여 나머지 문자값 구하기

- 첫째 방정식 $y = -x + 6$에 $x = 2$를 대입하면 $y = -(2) + 6 = 4$이다.

6. 6단계: 두 문자값이 참 해인지 체크하기 ← 두 번째 방정식에 두 문자값을 대입하여 등식이 성립하면 두 문자값은 연립방정식의 해

- $x = 2, y = 4$를 $x + 2y = 10$에 대입하면 $(2) + 2(4) = 10$으로 등식이 참이 된다.
- 연립방정식의 해는 $x = 2, y = 4$이다.

❸ 연립방정식 $\begin{bmatrix} x - 2y = -5 \\ -x + y = 1 \end{bmatrix}$ 을 풀어 보시오.

1. 1단계: 두 일차방정식 정리하기 ← 괄호식은 풀고, 분수식은 분모의 최소공배수를 양변에 곱하고, 소수식은 100이나 10의 거듭제곱수를 곱해 정수식으로 바꿈

- 주어진 방정식 $x - 2y = -5$, $-x + y = 1$은 정리가 필요하지 않다.

2. 2단계: 한 방정식을 어떤 문자에 대해 풀기 ← 어떤 문자는 좌변으로, 나머지 항은 우변으로 이항하고, 어떤 문자의 계수로 양변을 나눔

- $x - 2y = -5$를 x에 대하여 풀면,

  $x = 2y - 5$
- $x = 2y - 5$이다.

3. 3단계: 어떤 문자(미지수)에 대해 푼 식을 다른 방정식의 동일한 문자에 대입하기

- x에 대하여 푼 식 $x = 2y - 5$를 $-x + y = 1$의 x 자리에 대입한다.

$$\rightarrow -(2y - 5) + y = 1$$

4. 4단계: 동류항을 정리하고 일차식을 풀어 포함된 문자값(미지수) 구하기

$$\rightarrow -(2y - 5) + y = 1$$
$$-2y + 5 + y = 1$$
$$-y = -4$$
$$y = 4$$

Level 3

21차시

5. 5단계: 구한 문자값을 첫 번째 일차방정식에 대입하여 나머지 문자값 구하기

- 첫째 방정식 $x = 2y - 5$에 $y = 4$를 대입하면 $x = 2(4) - 5 = 3$이다.

6. 6단계: 두 문자값이 참 해인지 체크하기 ← 두 번째 방정식에 두 문자값을 대입하여 등식이 성립하면 두 문자값은 연립방정식의 해

- $x = 3, y = 4$를 $-x + y = 1$에 대입하면 $-(3) + (4) = 1$로 등식이 참이 된다.
- 연립방정식의 해는 $x = 3, y = 4$이다.

◆ 다음 연립방정식을 풀어 보시오(선생님과 문제를 푸는 동안 문제 풀이를 아래에 적어 보세요).

❶ 연립방정식 $\begin{bmatrix} y = x + 5 \\ -x + 3y = 9 \end{bmatrix}$ 를 대입법을 사용해 풀어 보시오.

1. 1단계: 두 일차방정식 정리하기 ← 괄호식은 풀고, 분수식은 분모의 최소공배수를 양변에 곱하고, 소수식은 10이나 10의 거듭제곱수를 곱해 정수식으로 바꿈

2. 2단계: 한 방정식을 어떤 문자에 대해 풀기 ← 어떤 문자는 좌변으로, 나머지 항은 우변으로 이항하고, 어떤 문자의 계수로 양변을 나눔

3. 3단계: 어떤 문자(미지수)에 대해 푼 식을 다른 방정식의 동일한 문자에 대입하기

4. 4단계: 동류항을 정리하고 일차식을 풀어 포함된 문자값(미지수) 구하기

5. 5단계: 구한 문자값을 첫 번째 일차방정식에 대입하여 나머지 문자값 구하기

6. 6단계: 두 문자값이 참 해인지 체크하기 ← 두 번째 방정식에 두 문자값을 대입하여 등식이 성립하면 두 문자값은 연립방정식의 해

연립방정식의 해

❷ 연립방정식 $\begin{cases} x - 2y = -5 \\ -x + y = 3 \end{cases}$ 를 대입법을 사용해 풀어 보시오.

1. 1단계: 두 일차방정식 정리하기 ← 괄호식은 풀고, 분수식은 분모의 최소공배수를 양변에 곱하고, 소수식은 10이나 10의 거듭제곱수를 곱해 정수식으로 바꿈

2. 2단계: 한 방정식을 어떤 문자에 대해 풀기 ← 어떤 문자는 좌변으로, 나머지 항은 우변으로 이항하고, 어떤 문자의 계수로 양변을 나눔

3. 3단계: 어떤 문자(미지수)에 대해 푼 식을 다른 방정식의 동일한 문자에 대입하기

4. 4단계: 동류항을 정리하고 일차식을 풀어 포함된 문자값(미지수) 구하기

5. 5단계: 구한 문자값을 첫 번째 일차방정식에 대입하여 나머지 문자값 구하기

6. 6단계: 두 문자값이 참 해인지 체크하기 ← 두 번째 방정식에 두 문자값을 대입하여 등식이 성립하면 두 문자값은 연립방정식의 해

연립방정식의 해

❸ 연립방정식 $\begin{bmatrix} 2x - y = 0 \\ 4x - 10 = 3(x + y) \end{bmatrix}$ 를 대입법을 사용해 풀어 보시오.

1. 1단계: 두 일차방정식 정리하기 ← 괄호식은 풀고, 분수식은 분모의 최소공배수를 양변에 곱하고, 소수식은 100이나 10의 거듭제곱수를 곱해 정수식으로 바꿈

2. 2단계: 한 방정식을 어떤 문자에 대해 풀기 ← 어떤 문자는 좌변으로, 나머지 항은 우변으로 이항하고, 어떤 문자의 계수로 양변을 나눔

3. 3단계: 어떤 문자(미지수)에 대해 푼 식을 다른 방정식의 동일한 문자에 대입하기

4. 4단계: 동류항을 정리하고 일차식을 풀어 포함된 문자값(미지수) 구하기

5. 5단계: 구한 문자값을 첫 번째 일차방정식에 대입하여 나머지 문자값 구하기

6. 6단계: 두 문자값이 참 해인지 체크하기 ← 두 번째 방정식에 두 문자값을 대입하여 등식이 성립하면 두 문자값은 연립방정식의 해

연립방정식의 해

❶ $x - 2y = 5x + 2y = 3$을 풀 때 혼동되는 점은 무엇입니까?

연립일차방정식 문제는 2개의 일차방정식을 주고 두 방정식의 공통의 해를 구하게 하는 문제인데, 얼핏 보기에 주어진 문제에는 방정식이 하나인 것처럼 보입니다. 이 문제는 먼저 주어진 방정식을 2개의 일차방정식으로 분리한 후, 대입법을 적용하여 연립방정식의 해를 구하면 됩니다. A = B = C이면 A = C도 참이고 B = C도 참입니다. 같은 방법으로 주어진 방정식을 분리하면 $x - 2y = 3$과 $5x + 2y = 3$이 됩니다. 대입법을 적용하여 문제를 풀면 $x = 1, y = -1$이 연립방정식의 해입니다.

❷ 연립방정식 $\begin{cases} 0.6y = 1.2x + 1.8 \\ 0.4x - 0.3y = 0.1 \end{cases}$ 을 풀 때 혼동되는 점은 무엇입니까?

주어진 문제는 두 방정식 모두 소수식인 경우입니다. 소수를 포함하는 방정식은 방정식의 해를 구하기 전에 먼저 양변에 10이나 10의 거듭제곱수를 곱해 소수식을 정수식으로 바꿔 주어야 합니다. 두 식의 양변에 10을 곱하면 두 식은 $6y = 12x + 18$과 $4x - 3y = 1$이 됩니다. 대입법을 적용하여 문제를 풀면 $x = -5, y = -7$이 연립방정식의 해입니다.

배움 체크하기

오늘 우리가 함께 공부한 것을 혼자서도 할 수 있는지 체크해 봅시다. 혼자서도 할 수 있으면 👍, 선생님의 도움이 더 필요하다면 ❓에 동그라미로 표시하세요.

배움 체크 리스트	👍	❓
1. 어떤 문자에 그 문자를 나타내는 식을 대입하여 등식을 변형할 수 있습니다.		
2. 어떤 문자에 대해 푼다는 것의 의미와 절차를 이해하고 적용할 수 있습니다.		
3. 미지수가 2개인 일차방정식을 푸는 방법을 이해하고 적용할 수 있습니다.		
4. 연립일차방정식은 미지수가 2개인 2개의 일차방정식이 공통적으로 갖는 해를 구해야 하는 문제임을 이해하고 적용할 수 있습니다.		
5. 대입법을 적용하여 연립일차방정식의 해를 구할 때는 먼저 두 식 중 한 식을 어떤 특정 문자에 대해 푼다는 것을 이해하고 적용할 수 있습니다.		
6. 한 방정식을 어떤 문자에 대해 푼 후에는 나머지 방정식에 포함된 동일한 문자를 제거하고, 그 대신 그 문자에 대해 푼 식을 대입한다는 것을 이해하고 적용할 수 있습니다.		
7. 식의 대입을 통해 미지수의 값을 구한 후에 그 미지수값을 첫 번째 방정식에 대입하여 나머지 문자값을 구한다는 것을 이해하고 적용할 수 있습니다.		

오늘 배운 것을 기억하면서 문제를 혼자 풀어 보는 시간입니다. 내비게이션 3.21 을 사용하면 도움이 됩니다.

📝 다음 문제에 답하시오.

1. x와 y가 자연수일 때, $2x + y = 6$을 풀어 보시오.

2. x와 y가 자연수일 때, $3x + 2y = 14$를 풀어 보시오.

3. x와 y가 자연수일 때, 연립방정식 $\begin{cases} x + y = 8 \\ x - y = 2 \end{cases}$ 를 대입법을 사용해 풀어 보시오.

4. x와 y가 자연수일 때, 연립방정식 $\begin{cases} x + 3y = 9 \\ x - y = 1 \end{cases}$ 를 대입법을 사용해 풀어 보시오.

5. 연립방정식 $\begin{cases} x = y - 3 \\ x + 2y = 9 \end{cases}$ 를 대입법을 사용해 풀어 보시오.

6. 연립방정식 $\begin{cases} 3(x - 2) = 2(y - 3) \\ 4x - 2y = 2 \end{cases}$ 를 대입법을 사용해 풀어 보시오.

7. 연립방정식 $\begin{cases} 0.4y = 0.8x - 0.4 \\ x - 2y = -4 \end{cases}$ 를 대입법을 사용해 풀어 보시오.

연립방정식의 해 구하기 2 - 가감법

사전평가(1~7)

✏️ 다음 문제를 풀어 보시오.

1. $2x + y = 5$를 x에 대해 풀어 보시오.

2. x와 y가 자연수일 때, $5x + y = 12$를 풀어 보시오.

3. 연립방정식 $\begin{cases} 3x - 2y = 7 \\ x + 2y = 5 \end{cases}$ 를 가감법을 사용해 풀어 보시오.

4. 연립방정식 $\begin{cases} 2x - 5y = 3 \\ -3x - 5y = 8 \end{cases}$ 을 가감법을 사용해 풀어 보시오.

5. 연립방정식 $\begin{cases} 5x - 4y = 3 \\ 3x + 2y = 4 \end{cases}$ 를 가감법을 사용해 풀어 보시오.

6. 연립방정식 $\begin{cases} 4(x - y) - 3x = -9 \\ -2x + 5(x + y) = 24 \end{cases}$ 를 가감법을 사용해 풀어 보시오.

7. 연립방정식 $\begin{cases} \dfrac{x}{2} + \dfrac{y}{5} = 3 \\ \dfrac{x}{4} - \dfrac{y}{6} = \dfrac{1}{6} \end{cases}$ 을 가감법을 사용해 풀어 보시오.

연립방정식 풀이 과정

1. **미지수가 2개인** 일차방정식을 미지수가 1개인 일차방정식으로 만들기	어떻게?	• **대입**: 한 방정식을 어떤 문자에 대하여 풀고, 그 식을 다른 방정식의 동일한 문자에 대입 • **가감**: 두 방정식을 더하거나 빼서 한 문자항을 소거한 후 다른 한 문자만 가진 식을 구함
2. **미지수가 1개인** 일차방정식의 문자값을 구하기	어떻게?	• 일차방정식의 **해를 구함**
3. **나머지 문자값** 구함	어떻게?	• 구해진 문자값을 한 방정식에 대입한 후 문자가 1개인 일차방정식을 풂

두 문자값을 구하면
연립방정식 풀이 끝!!!

◆ 다음 연립방정식을 가감법을 사용해 풀어 보시오.

❶ 연립방정식 $\begin{cases} x + y = 4 \\ x - y = 2 \end{cases}$ 를 풀어 보시오.

1. 1단계: 두 일차방정식 정리하기 ← 괄호식은 풀고, 분수식은 분모의 최소공배수를 양변에 곱하고, 소수식은 10이나 10의 거듭제곱수를 곱해 정수식으로 바꿈

   ● 주어진 방정식들 $x + y = 4, x - y = 2$는 정리가 필요치 않다.

2. 2단계: 소거할 미지수항 정하기 ← 두 방정식에 있는 미지수항 중 계수의 절댓값이 서로 같은 항이나 상대적으로 계수가 작은 미지수항을 소거함

   ● x, y항 모두 계수의 절댓값이 같으므로 둘 중 어느 것을 소거해도 된다.

   ● y를 소거한다.

3. 3단계: 소거할 항의 계수의 절댓값을 동일하게 만들기 ← 각 방정식의 소거할 항의 계수의 절댓값을 다른 방정식의 양변에 곱함

   ● y항의 절댓값이 1로 동일하므로 그대로 사용할 수 있다.

4. 4단계: 두 방정식을 덧셈 또는 뺄셈하여 한 미지수항을 소거하고 미지수가 1개인 일차식 만들기 ← 계수의 절댓값과 부호가 같으면 뺄셈, 계수의 절댓값은 같고 부호가 반대면 덧셈

- y항 계수의 절댓값은 1로 같으나 부호가 반대이므로(1과 −1) 덧셈한다.

$$\begin{array}{r} \rightarrow \quad x + y = 4 \\ +)\; x - y = 2 \\ \hline 2x \qquad = 6 \end{array}$$

5. 5단계: 일차방정식 풀어 한 미지수값 구하기

$\rightarrow 2x = 6$

$\rightarrow x = 3$

6. 6단계: 구한 미지수값을 간단한 방정식에 대입하여 나머지 미지수값 구하기

- $x + y = 4$에 $x = 3$을 대입하면 $y = 1$

7. 7단계: 참 해인지 체크하기 ← 나머지 방정식에 두 문자값을 대입하여 등식이 성립하면 두 문자값은 연립방정식의 해

- $x = 3, y = 1$을 $x - y = 2$에 대입하면 $(3) - (1) = 2$로 등식이 참이 된다.
- 연립방정식의 해는 $x = 3, y = 1$이다.

❷ 연립방정식 $\begin{cases} 2(x + 3y) = -6 \\ x - 3y = 9 \end{cases}$ 를 풀어 보시오.

1. 1단계: 두 일차방정식 정리하기 ← 괄호식은 풀고, 분수식은 분모의 최소공배수를 양변에 곱하고, 소수식은 10이나 10의 거듭제곱수를 곱해 정수식으로 바꿈

   ● $2(x + 3y) = -6$은 괄호가 있는 식이므로 괄호를 풀고 등식을 정리한다.

   → $2(x + 3y) = -6$

   $2x + 6y = -6$

Level 3
22차시

2. 2단계: 소거할 미지수항 정하기 ← 두 방정식에 있는 미지수항 중 계수의 절댓값이 서로 같은 항이나 상대적으로 계수가 작은 미지수항을 소거함

   ● $2x + 6y = -6$과 $x - 3y = 9$에는 계수의 절댓값이 같은 항이 없으므로 계수가 상대적으로 작은 항인 x항을 소거한다.

3. 3단계: 소거할 항의 계수의 절댓값을 동일하게 만들기 ← 각 방정식의 소거할 항의 계수의 절댓값을 다른 방정식의 양변에 곱함

   ● $2x + 6y = -6$에 두 번째 방정식의 x항 계수의 절댓값인 1을 양변에 곱하고, $x - 3y = 9$에는 첫 방정식의 x항 계수의 절댓값인 2를 양변에 곱한다.

   ● 식 1: $(2x + 6y) \times 1 = -6 \times 1$

   $2x + 6y = -6$

   ● 식 2: $(1x - 3y) \times 2 = 9 \times 2$

   $2x - 6y = 18$

4. 4단계: 두 방정식을 덧셈 또는 뺄셈하여 한 미지수항을 소거하고 미지수가 1개인 일차식 만들기 ← 계수의 절댓값과 부호가 같으면 뺄셈, 계수의 절댓값은 같고 부호가 반대면 덧셈

- x항 계수가 절댓값과 부호가 같으므로(2와 2) 뺄셈한다.

$$\begin{array}{r} 2x + 6y = -6 \\ -\ )\ 2x - 6y = 18 \\ \hline 12y = -24 \end{array}$$

5. 5단계: 일차방정식 풀어 한 미지수값 구하기

$\rightarrow 12x = -24$

$\rightarrow y = -2$

6. 6단계: 구한 미지수값을 간단한 방정식에 대입하여 나머지 미지수값 구하기

- $2x + 6y = -6$에 $y = -2$를 대입하면 $x = 3$

7. 7단계: 참 해인지 체크하기 ← 나머지 방정식에 두 문자값을 대입하여 등식이 성립하면 두 문자값은 연립방정식의 해

- $x = 3, y = -2$를 $x - 3y = 9$에 대입하면 $(3) - 3(-2) = 9$로 등식이 참이 된다.
- 연립방정식의 해는 $x = 3, y = -2$이다.

❸ 연립방정식 $\begin{bmatrix} 4x + 3y = 6 \\ -(x + y) + 2x = 12 \end{bmatrix}$ 를 풀어 보시오.

1. 1단계: 두 일차방정식 정리하기 ← 괄호식은 풀고, 분수식은 분모의 최소공배수를 양변에 곱하고, 소수식은 10이나 10의 거듭제곱수를 곱해 정수식으로 바꿈

   ● $-(x + y) + 2x = 12$는 괄호를 포함한 식이므로 전개하여 동류항끼리 정리한다.

   → $-(x + y) + 2x = 12$

   $x - y = 12$

Level 3
22차시

2. 2단계: 소거할 미지수항 정하기 ← 두 방정식에 있는 미지수항 중 계수의 절댓값이 서로 같은 항이나 상대적으로 계수가 작은 미지수항을 소거함

   ● $4x + 3y = 6$과 $x - y = 12$에는 계수가 같은 항이 없으므로 상대적으로 계수가 작은 y항을 소거한다.

3. 3단계: 소거할 항의 계수의 절댓값을 동일하게 만들기 ← 각 방정식의 소거할 항의 계수의 절댓값을 다른 방정식의 양변에 곱함

   ● 첫 식인 $4x + 3y = 6$엔 두 번째 방정식의 y항의 계수의 절댓값인 1을 곱해 주고, 두 번째 방정식인 $x - y = 12$엔 첫 번째 방정식의 y항의 계수의 절댓값인 3을 곱한다.

   ● 식 1: $(4x + 3y) \times 1 = 6 \times 1$

   $4x + 3y = 6$

   ● 식 2: $(x - 1y) \times 3 = 12 \times 3$

   $3x - 3y = 36$

4. 4단계: 두 방정식을 덧셈 또는 뺄셈하여 한 미지수항 소거하고 미지수가 1개인 일차식 만들기 ← 계수의 절댓값과 부호가 같으면 뺄셈, 계수의 절댓값은 같고 부호가 반대면 덧셈

- y항 계수의 절댓값은 3으로 같으나 부호가 반대이므로(3과 -3) 덧셈한다.

$$\begin{aligned} &\quad\ 4x + 3y = 6 \\ +&\ )\ 3x - 3y = 36 \\ \hline &\quad 7x \qquad\ = 42 \end{aligned}$$

5. 5단계: 일차방정식 풀어 한 미지수값 구하기

$\rightarrow 7x = 42$

$x = 6$

6. 6단계: 구한 미지수값을 간단한 방정식에 대입하여 나머지 미지수값 구하기

- $x - y = 12$에 $x = 6$을 대입하면 $y = -6$

7. 7단계: 참 해인지 체크하기 ← 나머지 방정식에 두 문자값을 대입하여 등식이 성립하면 두 문자값은 연립방정식의 해

- $x = 6, y = -6$을 $4x + 3y = 6$에 대입하면 $4(6) + 3(-6) = 6$으로 등식이 참이 된다.
- 연립방정식의 해는 $x = 6, y = -6$이다.

◆ 다음 연립방정식을 풀어 보시오(선생님과 문제를 푸는 동안 문제 풀이를 아래에 적어 보세요).

1 연립방정식 $\begin{cases} 5x + 4y = 23 \\ -x - 4y = -11 \end{cases}$ 을 가감법을 사용해 풀어 보시오.

1. 1단계: 두 일차방정식 정리하기 ← 괄호식은 풀고, 분수식은 분모의 최소공배수를 양변에 곱하고, 소수식은 10이나 10의 거듭제곱수를 곱해 정수식으로 바꿈

2. 2단계: 소거할 미지수항 정하기 ← 두 방정식에 있는 미지수항 중 계수의 절댓값이 서로 같은 항이나 상대적으로 계수가 작은 미지수항을 소거함

3. 3단계: 소거할 항의 계수의 절댓값을 동일하게 만들기 ← 각 방정식의 소거할 항의 계수의 절댓값을 다른 방정식의 양변에 곱함

4. 4단계: 두 방정식을 덧셈 또는 **뺄셈**하여 한 미지수항 소거하고 미지수가 1개인 일차식 만들기 ← 계수의 절댓값과 부호가 같으면 뺄셈, 계수의 절댓값은 같고 부호가 반대면 덧셈

5. 5단계: 일차방정식 풀어 한 미지수값 구하기

6. 6단계: 구한 미지수값을 간단한 방정식에 대입하여 나머지 미지수값 구하기

7. 7단계: 참 해인지 체크하기 ← 나머지 방정식에 두 문자값을 대입하여 등식이 성립하면 두 문자값은 연립방정식의 해

연립방정식의 해

❷ 연립방정식 $\begin{cases} 3x + 2y = 8 \\ 4x - 3y = 5 \end{cases}$ 를 가감법을 사용해 풀어 보시오.

1. 1단계: 두 일차방정식 정리하기 ← 괄호식은 풀고, 분수식은 분모의 최소공배수를 양변에 곱하고, 소수식은 100이나 10의 거듭제곱수를 곱해 정수식으로 바꿈

2. 2단계: 소거할 미지수항 정하기 ← 두 방정식에 있는 미지수항 중 계수의 절댓값이 서로 같은 항이나 상대적으로 계수가 작은 미지수항을 소거함

3. 3단계: 소거할 항의 계수의 절댓값을 동일하게 만들기 ← 각 방정식의 소거할 항의 계수의 절댓값을 다른 방정식의 양변에 곱함

4. 4단계: 두 방정식을 덧셈 또는 뺄셈하여 한 미지수항 소거하고 미지수가 1개인 일차식 만들기 ← 계수의 절댓값과 부호가 같으면 뺄셈, 계수의 절댓값은 같고 부호가 반대면 덧셈

5. 5단계: 일차방정식 풀어 한 미지수값 구하기

6. 6단계: 구한 미지수값을 간단한 방정식에 대입하여 나머지 미지수값 구하기

7. 7단계: 참 해인지 체크하기 ← 나머지 방정식에 두 문자값을 대입하여 등식이 성립하면 두 문자값은 연립방정식의 해

연립방정식의 해

❸ 연립방정식 $\begin{bmatrix} x + y = 5 \\ \dfrac{x}{3} + \dfrac{y}{6} = 1 \end{bmatrix}$ 을 가감법을 사용해 풀어 보시오.

1. 1단계: 두 일차방정식 정리하기 ← 괄호식은 풀고, 분수식은 분모의 최소공배수를 양변에 곱하고, 소수식은 10이나 10의 거듭제곱수를 곱해 정수식으로 바꿈

2. 2단계: 소거할 미지수항 정하기 ← 두 방정식에 있는 미지수항 중 계수의 절댓값이 서로 같은 항이나 상대적으로 계수가 작은 미지수항을 소거함

3. 3단계: 소거할 항의 계수의 절댓값을 동일하게 만들기 ← 각 방정식의 소거할 항의 계수의 절댓값을 다른 방정식의 양변에 곱함

4. 4단계: 두 방정식을 덧셈 또는 뺄셈하여 한 미지수항 소거하고 미지수 가 1개인 일차식 만들기 ← 계수의 절댓값과 부호가 같으면 뺄셈, 계수의 절댓값은 같고 부호가 반대면 덧셈

5. 5단계: 일차방정식 풀어 한 미지수값 구하기

6. 6단계: 구한 미지수값을 간단한 방정식에 대입하여 나머지 미지수값 구 하기

7. 7단계: 참 해인지 체크하기 ← 나머지 방정식에 두 문자값을 대입하여 등식이 성립 하면 두 문자값은 연립방정식의 해

연립방정식의 해

❶ 연립방정식
$$\begin{cases} \dfrac{x}{2} + \dfrac{y}{3} = \dfrac{1}{6} \\ 0.4x + 0.5y = 1.3 \end{cases}$$
을 풀 때 혼동되는 점은 무엇입니까?

주어진 연립방정식은 두 방정식을 모두 정리한 후에 방정식의 해를 구해야 하는데, 첫 식은 분수식이고 둘째 식은 소수식이라 정리 방법이 서로 다른 경우입니다. 첫 식은 양변에 6을 곱해 변경합니다. $3x + 2y = 1$이 됩니다. 둘째 식은 양변에 10을 곱해 변경합니다. $4x + 5y = 13$입니다. 가감법을 사용하여 연립일차방정식을 풀면 $x = -3, y = 5$가 연립방정식의 해입니다.

❷ 연립방정식
$$\begin{cases} 0.4x + 0.3y = 1 \\ 0.25x - 0.5y = -0.75 \end{cases}$$
를 풀 때 혼동되는 점은 무엇입니까?

주어진 문제는 두 방정식 모두 소수식인 경우입니다. 소수를 포함하는 방정식은 방정식의 해를 구하기 전에 먼저 양변에 10이나 10의 거듭제곱수를 곱해 소수식을 정수식으로 바꿔 주어야 합니다. 하지만 이 문제는 첫 번째 식은 10을 곱해야 하고 두 번째 식은 100을 곱해야 정수식이 되기 때문에 오류를 범할 가능성이 있습니다. 첫 번째 식에 10을 곱하면 $4x + 3y = 10$이 되고, 두 번째 식에 100을 곱하면 $25x - 50y = -75$입니다. 가감법을 적용하여 문제를 풀면 $x = 1, y = 2$가 연립방정식의 해입니다.

배움 체크하기

오늘 우리가 함께 공부한 것을 혼자서도 할 수 있는지 체크해 봅시다. 혼자서도 할 수 있으면 👍, 선생님의 도움이 더 필요하다면 ❓에 동그라미로 표시하세요.

배움 체크 리스트	👍	❓
1. 2개의 미지수항이 있는 괄호 식을 전개하여 동류항끼리 계산할 수 있습니다.		
2. 미지수항의 계수가 분수나 소수인 일차식을 변형하여 계수가 정수인 일차식으로 바꿀 수 있습니다.		
3. 미지수의 의미를 이해하고 일차식에서 미지수를 구할 수 있습니다.		
4. 가감법을 적용해 연립일차방정식을 풀기 위해 소거할 항을 정하고 소거하는 절차를 이해하고 적용할 수 있습니다.		
5. 가감법을 적용하여 한 미지수항을 소거할 때는 미지수의 계수의 절댓값을 동일하게 만든 후 두 방정식을 덧셈하거나 뺄셈한다는 것을 이해하고 적용할 수 있습니다.		
6. 미지수값 1개를 구한 후에는 그 값을 두 방정식 중 상대적으로 간단한 방정식에 대입하여 나머지 미지수값을 구한다는 것을 이해하고 적용할 수 있습니다.		
7. 구한 미지수값을 사용하지 않은 나머지 방정식에 대입하여 등식이 성립하는지를 알아보아 구한 값이 참 해인지 확인할 수 있다는 것을 이해하고 적용할 수 있습니다.		

오늘 배운 것을 기억하면서 문제를 혼자 풀어 보는 시간입니다. 내비게이션 3.22 를 사용하면 도움이 됩니다.

◆ 다음 문제에 답하시오.

1. $3x + y = 6$을 x에 대해 풀어 보시오.

2. x와 y가 자연수일 때, $5x + 2y = 17$을 풀어 보시오.

3. 연립방정식 $\begin{bmatrix} 3x - 2y = 7 \\ x + 2y = 5 \end{bmatrix}$ 를 가감법을 사용해 풀어 보시오.

4. 연립방정식 $\begin{cases} 2x - 5y = 3 \\ -3x - 5y = 8 \end{cases}$ 을 가감법을 사용해 풀어 보시오.

5. 연립방정식 $\begin{cases} 4(x - y) - 3x = -9 \\ -2x + 5(x + y) = 24 \end{cases}$ 를 가감법을 사용해 풀어 보시오.

Level 3
22차시

6. 연립방정식 $\begin{cases} \dfrac{x}{2} + \dfrac{y}{5} = 3 \\ \dfrac{x}{4} - \dfrac{y}{6} = \dfrac{1}{6} \end{cases}$ 을 가감법을 사용해 풀어 보시오.

7. 연립방정식 $\begin{cases} 0.4y = 0.8x - 0.4 \\ x - 2y = -4 \end{cases}$ 를 가감법을 사용해 풀어 보시오.

주어진 수 대입하여 부등식의 해 구하기

사전평가(1~7)

◆ 다음 문제를 풀어 보시오.

1. '어떤 수의 2배에서 3을 뺀 수는 8보다 크다'를 부등식으로 나타내시오.

2. '500원짜리 연필 한 자루와 x원짜리 노트 세 권을 사고 5,000원을 내고 거스름돈을 돌려받았다'를 부등식으로 나타내시오.

3. x값이 0, 1, 2, 3, 4, 5일 때, 부등식 $x + 3 < 8$의 해를 구하시오.

4. x값이 0, 1, 2, 3, 4, 5일 때, 부등식 $3x - 1 \geq 8$의 해를 구하시오.

5. x값이 0, 1, 2, 3, 4, 5일 때, 부등식 $2x + 3 < x + 7$의 해를 구하시오.

6. x값이 0, 1, 2, 3, 4, 5일 때, 부등식 $x + 6 \leq 4x$의 해를 구하시오.

7. x가 자연수일 때, 부등식 $3x + 2 < 14$의 해를 구하시오.

✏️ 다음 부등식의 해를 구하시오.

① x가 자연수일 때, 부등식 $2 + x \leq 5$의 해를 구하시오.

1. 1단계: 주어진 수의 조건을 만족시키는 수 나열하기(표 1열)

- 수의 조건은 자연수이므로 표의 1열에 1, 2, 3, 4, 5… 등을 나열한다.

Level 3
23차시

2. 2단계: 각 수를 좌변과 우변의 미지수에 대입하기(표 2열과 3열)

- $x = 1$일 때, 좌변값 $2 + (1) = 3$, 우변값 5
- $x = 2$일 때, 좌변값 $2 + (2) = 4$, 우변값 5
- $x = 3$일 때, 좌변값 $2 + (3) = 5$, 우변값 5
- $x = 4$일 때, 좌변값 $2 + (4) = 6$, 우변값 5

3. 3단계: 각 수 대입 후 좌변값과 우변값을 비교하여 부등호로 나타내기(표 4열)

- $x = 1$일 때, $3 < 5$
- $x = 2$일 때, $4 < 5$
- $x = 3$일 때, $5 = 5$
- $x = 4$일 때, $6 > 5$

4. 4단계: 각 수 대입 시 좌변값과 우변값을 비교한 부등호가 주어진 부등식의 부등호와 방향이 같은 경우, 그 수를 부등식의 해로 선택하기(표 5열과 6열)

- 부등식 $2 + x \leq 5$와 동일한 방향으로 대소 비교가 된 경우는 $x = 1$일 때 $2 + 1 < 5$, $x = 2$일 때 $2 + 2 < 5$, $x = 3$일 때 $2 + 3 = 5$이므로 주어진 부등식의 해는 $x = 1, 2, 3$이다.

1 주어진 수	주어진 부등식($2 + x \leq 5$)에 미지수 대입			5 부등식 부등호와 일치 (일치/불일치)	6 부등식의 해 - 5 에서 '일치' 일 때 x의 값
	2 좌변 $(2 + x)$	3 우변 (5)	4 좌변과 우변 비교		
$x = 1$	$2 + 1 = 3$	5	<	일치	
$x = 2$	$2 + 2 = 4$	5	<	일치	$x = 1, 2, 3$
$x = 3$	$2 + 3 = 5$	5	=	일치	
$x = 4$	$2 + 4 = 6$	5	>	불일치	

❷ x가 $-1, 0, 1, 2, 3$일 때, 부등식 $3x - 2 > 1$의 해를 구하시오.

1. 1단계: 주어진 수의 조건을 만족시키는 수 나열하기(표 1열)

- 주어진 수 $-1, 0. 1, 2, 3$을 표의 1열에 기입한다.

2. 2단계: 각 수를 좌변과 우변의 미지수에 대입하기(표 2열과 3열)

- $x = -1$일 때, 좌변값 $3(-1) - 2 = -5$, 우변값 1
- $x = 0$일 때, 좌변값 $3(0) - 2 = -2$, 우변값 1
- $x = 1$일 때, 좌변값 $3(1) - 2 = 1$, 우변값 1
- $x = 2$일 때, 좌변값 $3(2) - 2 = 4$, 우변값 1
- $x = 3$일 때, 좌변값 $3(3) - 2 = 7$, 우변값 1

3. 3단계: 각 수 대입 후 좌변값과 우변값을 비교하여 부등호로 나타내기(표 4열)

Level 3
23차시

- $x = -1$일 때, $-5 < 1$
- $x = 0$일 때, $-2 < 1$
- $x = 1$일 때, $1 = 1$
- $x = 2$일 때, $4 > 1$
- $x = 3$일 때, $7 > 1$

4. 4단계: 각 수 대입 시 좌변값과 우변값을 비교한 부등호가 주어진 부등식의 부등호와 방향이 같은 경우, 그 수를 부등식의 해로 선택하기(표 5열과 6열)

- 부등식 $3x - 2 > 1$과 동일하게 대소 비교가 된 경우는 $x = 2$일 때 $4 > 1$, $x = 3$일 때 $7 > 1$이므로 주어진 부등식의 해는 $x = 2, 3$이다.

1	주어진 부등식($3x - 2 > 1$)에 미지수 대입			5	6
주어진 수	좌변 $(3x - 2)$	우변 (1)	좌변과 우변 비교	부등식 부등호와 일치 (일치/불일치)	부등식의 해 - 5 에서 '일치' 일 때 x의 값
$x = -1$	$3(-1) - 2 = -5$	1	<	불일치	
$x = 0$	$3(0) - 2 = -2$	1	<	불일치	
$x = 1$	$3(1) - 2 = 1$	1	=	불일치	$x = 2, 3$
$x = 2$	$3(2) - 2 = 4$	1	>	일치	
$x = 3$	$3(3) - 2 = 7$	1	>	일치	

❸ x의 값이 $-2, -1, 0, 1, 2, 3$일 때, 부등식 $6 - x \leq 4$의 해를 구하시오.

1. 1단계: 주어진 수의 조건을 만족시키는 수 나열하기(표 1열)

- 표의 1열에 x값 $-2, -1, 0, 1, 2, 3$을 나열한다.

2. 2단계: 각 수를 좌변과 우변의 미지수에 대입하기(표 2열과 3열)

- $x = -2$일 때, 좌변값 $6 - (-2) = 8$, 우변값 4
- $x = -1$일 때, 좌변값 $6 - (-1) = 7$, 우변값 4
- $x = 0$일 때, 좌변값 $6 - (0) = 6$, 우변값 4
- $x = 1$일 때, 좌변값 $6 - (1) = 5$, 우변값 4

- $x = 2$일 때, 좌변값 $6 - (2) = 4$, 우변값 4
- $x = 3$일 때, 좌변값 $6 - (3) = 3$, 우변값 4

3. 3단계: 각 수 대입 후 좌변값과 우변값을 비교하여 부등호로 나타내기(표 4열)

- $x = -2$일 때, $8 > 4$
- $x = -1$일 때, $7 > 4$
- $x = 0$일 때, $6 > 4$
- $x = 1$일 때, $5 > 4$
- $x = 2$일 때, $4 = 4$
- $x = 3$일 때, $3 < 4$

4. 4단계: 각 수 대입 시 좌변값과 우변값을 비교한 부등호가 주어진 부등식의 부등호와 방향이 같은 경우, 그 수를 부등식의 해로 선택하기(표 5열과 6열)

- 부등식 $6 - x \leq 4$와 동일하게 대소 비교가 된 경우는 $x = 2$일 때 $4 = 4$, $x = 3$일 때 $3 < 4$이므로, 주어진 부등식의 해는 $x = 2, 3$이다.

| 1 주어진 수 | 주어진 부등식 ($6 - x \le 4$)에 미지수 대입 | | | 5 부등식 부등호와 일치 (일치/불일치) | 6 부등식의 해 – 5 에서 '일치' 일 때 x의 값 |
	2 좌변 $(6 - x)$	3 우변 (4)	4 좌변과 우변 비교		
$x = -2$	$6 - (-2) = 8$	4	>	불일치	
$x = -1$	$6 - (-1) = 7$	4	>	불일치	
$x = 0$	$6 - (0) = 6$	4	>	불일치	$x = 2, 3$
$x = 1$	$6 - (1) = 5$	4	>	불일치	
$x = 2$	$6 - (2) = 4$	4	=	일치	
$x = 3$	$6 - (3) = 3$	4	<	일치	

◆ 다음 부등식의 해를 구하시오(선생님과 문제를 푸는 동안 문제 풀이를 아래에 적어 보세요).

❶ x의 값이 $-2, -1, 0, 1, 2, 3$일 때, 부등식 $x + 3 \leq 5$의 해를 구하시오.

1. 1단계: 주어진 수의 조건을 만족시키는 수 나열하기(표 1열)

2. 2단계: 각 수를 좌변과 우변의 미지수에 대입하기(표 2열과 3열)

3. 3단계: 각 수 대입 후 좌변값과 우변값을 비교하여 부등호로 나타내기(표 4열)

4. 4단계: 각 수 대입 시 좌변값과 우변값을 비교한 부등호가 주어진 부등식의 부등호와 방향이 같은 경우, 그 수를 부등식의 해로 선택하기(표 5열과 6열)

부등식의 해

1 주어진 수	주어진 부등식($x + 3 \leq 5$)에 미지수 대입			5 부등식 부등호와 일치 (일치/불일치)	6 부등식의 해 - 5 에서 '일치' 일 때 x의 값
	2 좌변 ($x + 3$)	3 우변 (5)	4 좌변과 우변 비교		

❷ x의 값이 자연수일 때, 부등식 $4x \leq 2x + 4$의 해를 구하시오.

1. 1단계: 주어진 수의 조건을 만족시키는 수 나열하기(표 1열)

2. 2단계: 각 수를 좌변과 우변의 미지수에 대입하기(표 2열과 3열)

3. 3단계: 각 수 대입 후 좌변값과 우변값을 비교하여 부등호로 나타내기(표 4열)

4. 4단계: 각 수 대입 시 좌변값과 우변값을 비교한 부등호가 주어진 부등식의 부등호와 방향이 같은 경우, 그 수를 부등식의 해로 선택하기(표 5열과 6열)

부등식의 해

1 주어진 수	주어진 부등식($4x \leq 2x + 4$)에 미지수 대입			**5** 부등식 부등호와 일치 (일치/불일치)	**6** 부등식의 해 － **5** 에서 '일치' 일 때 x의 값
	2 좌변 $(x + 3)$	**3** 우변 (5)	**4** 좌변과 우변 비교		

❸ x의 값이 0, 1, 2, 3일 때, 부등식 $2x + 4 \leq 4x - 2$의 해를 구하시오.

1. 1단계: 주어진 수의 조건을 만족시키는 수 나열하기(표 1열)

2. 2단계: 각 수를 좌변과 우변의 미지수에 대입하기(표 2열과 3열)

3. 3단계: 각 수 대입 후 좌변값과 우변값을 비교하여 부등호로 나타내기(표 4열)

4. 4단계: 각 수 대입 시 좌변값과 우변값을 비교한 부등호가 주어진 부등식의 부등호와 방향이 같은 경우, 그 수를 부등식의 해로 선택하기(표 5열과 6열)

부등식의 해

1 주어진 수	주어진 부등식($2x + 4 \leq 4x - 2$)에 미지수 대입			**5** 부등식 부등호와 일치 (일치/불일치)	**6** 부등식의 해 - **5** 에서 '일치' 일 때 x의 값
	2 좌변 $(2x + 4)$	**3** 우변 $(4x - 2)$	**4** 좌변과 우변 비교		

1 x가 0, 1, 2, 3일 때, $-3x - 2 > -4x - 1$의 해를 구할 때 혼동되는 점은 무엇입니까?

이 문제는 x값에 자연수를 대입했을 때, 양변의 값이 음의 정수가 됩니다. 음의 정수 크기를 비교하는 데 어려움을 겪는 경우에는 주어진 부등식의 해를 구할 때 혼동할 수 있습니다. 예를 들어, $x = 2$일 때 부등식의 좌변은 −8, 우변은 −9가 되는데, 양의 정수에서처럼 −9가 −8보다 크다고 생각하는 경우에는 오답을 내게 됩니다. −9는 −8보다 작으므로 $x = 2$일 때 $-3x - 2 > -4x - 1$이 참이 됩니다. $x = 3$일 때도 좌변은 −11로 우변 −13보다 커서 부등식 $-3x - 2 > -4x - 1$이 참이 됩니다. 따라서 주어진 부등식의 해는 2, 3입니다.

Level 3
23차시

❷ x는 자연수일 때, $2x - 4 \leq -3(x - 2)$의 해를 구할 때 혼동되는 점은 무엇입니까?

 이 문제는 부등식의 좌변과 우변의 크기를 비교하기 전에 먼저 부등식에 포함된 괄호를 풀어 양변을 정리해 주어야 하는 문제입니다. 괄호 앞 정수가 음수이므로 분배법칙을 적용하는 데 익숙지 않은 경우, 문제 풀이 중에 오류를 범할 가능성이 있습니다. $2x - 4 \leq -3(x - 2)$의 양변을 정리하면 $2x - 4 \leq -3x + 6$이고, 자연수 1, 2, 3, 4…를 대입하여 양변의 값을 구한 후 양변의 크기를 비교하면 $x = 1$일 때와 $x = 2$일 때 부등식이 참이 된다는 것을 알 수 있습니다. 따라서 주어진 부등식의 해는 1과 2입니다.

배움 체크하기

 오늘 우리가 함께 공부한 것을 혼자서도 할 수 있는지 체크해 봅시다. 혼자서도 할 수 있으면 👍, 선생님의 도움이 더 필요하다면 ❓에 동그라미로 표시하세요.

Level 3
23차시

배움 체크 리스트	👍	❓
1. 다양한 상황을 부등호를 이용하여 부등식으로 나타낼 수 있습니다.		
2. 부등호의 뜻을 이해하고 값의 크기를 부등호를 사용하여 비교할 수 있습니다.		
3. 일차식의 미지수에 수를 대입하여 식의 값을 구할 수 있습니다.		
4. 부등식의 해를 구할 때, 주어진 수의 조건을 만족시키는 수를 찾아 기입하는 것을 이해하고 적용할 수 있습니다.		
5. 부등식의 해를 구할 때, 주어진 수의 조건을 만족시키는 수를 각각 좌변 항과 우변 항에 대입한 후 부등호를 사용하여 그 값을 비교해야 한다는 것을 이해하고 적용할 수 있습니다.		
6. 좌변 항과 우변 항에 어떤 수의 값을 대입한 후, 그 값을 비교한 결과가 주어진 부등식의 부등호와 같을 때, 그 수를 부등식의 해라 답한다는 것을 이해하고 적용할 수 있습니다.		
7. 부등호 '≤'는 '<'와 '=' 둘 중에 하나를 만족시키는 경우 참이 된다는 것을 이해하고 적용할 수 있습니다.		

오늘 배운 것을 기억하면서 문제를 혼자 풀어 보는 시간입니다. 내비게이션 3.23 을 사용하면 도움이 됩니다.

✎ 다음 문제를 풀어 보시오.

1. '어떤 수의 3배에서 6을 뺀 수는 7보다 크다'를 부등식으로 나타내시오.

2. '400원짜리 연필 한 자루와 x원짜리 노트 4권을 사고 5,000원을 내고 거스름돈을 돌려받았다'를 부등식으로 나타내시오.

3. x값이 0, 1, 2, 3, 4, 5일 때, 부등식 $x + 5 < 7$의 해를 구하시오.

4. x값이 0, 1, 2, 3, 4, 5일 때, 부등식 $3x - 4 \geq 8$의 해를 구하시오.

5. x값이 0, 1, 2, 3, 4, 5일 때, 부등식 $2x + 2 < x + 5$의 해를 구하시오.

6. x값이 0, 1, 2, 3, 4, 5일 때, 부등식 $x + 8 \leq 5x$의 해를 구하시오.

7. x가 자연수일 때, 부등식 $3x + 3 < 12$의 해를 구하시오.

24차시

일차부등식의 풀이

사전평가(1~7)

✏️ 다음 문제를 풀어 보시오.

1. $a \le b$일 때, 밑줄 위에 알맞은 부등호를 써넣으시오.

$a + 3$ _____ $b + 3$

2. $a \le b$일 때, 밑줄 위에 알맞은 부등호를 써넣으시오.

$2a - 5$ _____ $2b - 5$

3. 이항과 부등식의 성질을 이용하여 $3x - 4 > x$를 풀어 보시오.

4. 이항과 부등식의 성질을 이용하여 $-2x - 8 < 2x + 4$를 풀어 보시오.

5. 이항과 부등식의 성질을 이용하여 $x + 2 \geq -4x + 12$를 풀어 보시오.

6. 이항과 부등식의 성질을 이용하여 $-2(3x + 1) > -x - 7$를 풀어 보시오.

7. 이항과 부등식의 성질을 이용하여 $x + 3(2x - 2) > x$를 풀어 보시오.

◆ 이항과 부등식의 성질을 이용하여 다음 일차부등식의 해를 구하시오.

① 부등식 $2x - 4 \leq 6$를 풀어 보시오.

1. 1단계: **괄호식** 정리하기

   ● 주어진 부등식은 정리할 괄호식이 없다.

2. 2단계: **미지수 x항을 좌변으로 이항**하고 정리하기 ← 이항할 때는 항의 부호를 반대 부호로 바꿔 줌

   Level 3
   24차시

   ● 우변에는 미지수항이 없으므로 미지수항의 이항이 필요 없다.

3. 3단계: **상수항을 우변으로 이항**하고 정리하기 ← 이항할 때는 항의 부호를 반대 부호로 바꿔 줌

   ● $2x - 4 \leq 6$의 좌변에 있는 상수항 -4를 $+4$로 바꿔 우변으로 이항한다.

   $\rightarrow 2x - 4 \leq 6$

   $\quad 2x \leq 6 + 4$

   $\quad 2x \leq 10$

4. 4단계: 좌변 **미지수항의 계수로 양변을 나누기**

   ● $2x$의 계수는 2이므로 양변을 2로 나눈다.

$$\rightarrow \frac{2x}{2} \leq \frac{10}{2}$$

$$x \leq 5$$

5. 5단계: 부등호 방향 결정하기 ← x항의 계수가 음수일 때는 부등호의 방향을 반대로 바꿔 줌

- x항의 계수는 2로 양수이므로 부등호의 방향을 바꾸지 않는다.

$$\rightarrow \therefore x \leq 5$$

❷ 부등식 $-3x - 4 \leq -(x - 2)$를 풀어 보시오.

1. 1단계: 괄호식 정리하기

- 우변의 괄호식 $-(x - 2)$를 정리하여 부등식을 다시 쓰면 $-3x - 4 \leq -x + 2$이다.

2. 2단계: 미지수 x항을 좌변으로 이항하고 정리하기 ← 이항할 때는 항의 부호를 반대 부호로 바꿔 줌

- 우변 미지수항인 $-x$를 $+x$로 바꿔 좌변으로 이항한다.

$$\rightarrow -3x - 4 \leq -x + 2$$

$$-3x + x - 4 \leq 2$$

$$-2x - 4 \leq 2$$

3. 3단계: 상수항을 우변으로 이항하고 정리하기 ← 이항할 때는 항의 부호를 반대 부호로 바꿔 줌

- 부등식 $-2x - 4 \leq 2$의 좌변 상수항 -4를 $+4$로 바꿔 우변으로 이항한다.

→ $-2x - 4 \leq 2$

$-2x \leq 2 + 4$

$-2x \leq 6$

4. 4단계: 좌변 **미지수항의 계수로 양변을 나누기**

- $-2x$의 계수는 -2이므로 양변을 -2로 나눈다.

→ $\dfrac{-2x}{2} \leq \dfrac{6}{-2}$

$x \leq -3$

5. 5단계: 부등호 방향 결정하기 ← x항의 계수가 음수일 때는 부등호의 방향을 반대로 바꿔 줌

- x항의 계수는 -2로 음수이므로 부등호의 방향을 바꾼다.

→ $\therefore x \geq -3$

❸ 부등식 $-2x + 3(2 - x) \geq -4x - 3$를 풀어 보시오.

1. **1단계: 괄호식 정리하기**

   - 좌변의 괄호식 $3(2 - x)$를 풀어 좌변을 정리하여 부등식을 다시 쓴다.

   $\rightarrow -2x + 3(2 - x) \geq -4x - 3$

   $-2x + 6 - 3x \geq -4x - 3$

   $-5x + 6 \geq -4x - 3$

2. **2단계: 미지수 x항을 좌변으로 이항**하고 정리하기 ← 이항할 때는 항의 부호를 반대 부호로 바꿔 줌

   - $-5x + 6 \geq -4x - 3$의 우변 미지수항인 $-4x$를 $+4x$로 바꿔 좌변으로 이항한다.

   $\rightarrow -5x + 6 \geq -4x - 3$

   $-5x + 4x + 6 \geq -3$

   $-x + 6 \geq -3$

3. **3단계: 상수항을 우변으로 이항**하고 정리하기 ← 이항할 때는 항의 부호를 반대 부호로 바꿔 줌

   - 부등식 $-x + 6 \geq -3$의 좌변 상수항 6을 -6으로 바꿔 우변으로 이항한다.

   $\rightarrow -x + 6 \geq -3$

   $-x \geq -3 - 6$

   $-x \geq -9$

4. 4단계: 좌변 미지수항의 계수로 양변을 나누기

  ● $-x$의 계수는 -1이므로 양변을 -1로 나눈다.

  $\rightarrow \dfrac{-x}{-1} \geq \dfrac{-9}{-1}$

  $\qquad x \geq 9$

5. 5단계: 부등호 방향 결정하기 ← x항의 계수가 음수일 때는 부등호의 방향을 반대로 바꿔 줌

  ● x항의 계수는 -1로 음수이므로 부등호의 방향을 바꾼다.

  $\rightarrow \therefore x \leq 9$

◆ 이항과 부등식의 성질을 이용하여 다음 일차부등식의 해를 구하시오 (선생님과 문제를 푸는 동안 문제 풀이를 아래에 적어 보세요).

① 부등식 $5x - 12 \leq 8x$를 풀어 보시오.

　1. 1단계: 괄호식 정리하기

　2. 2단계: 미지수 x항을 좌변으로 이항하고 정리하기 ← 이항할 때는 항의 부호를 반대 부호로 바꿔 줌

　3. 3단계: 상수항을 우변으로 이항하고 정리하기 ← 이항할 때는 항의 부호를 반대 부호로 바꿔 줌

　4. 4단계: 좌변 미지수항의 계수로 양변을 나누기

5. 5단계: 부등호 방향 결정하기 ← x항의 계수가 음수일 때는 부등호의 방향을 반대

로 바꿔 줌

일차부등식의 해

❷ 부등식 $-3x - 4 \geq 2(2x + 5)$를 풀어 보시오.

1. 1단계: 괄호식 정리하기

Level 3
24차시

2. 2단계: 미지수 x항을 좌변으로 이항하고 정리하기 ← 이항할 때는 항의 부호를

반대 부호로 바꿔 줌

3. 3단계: 상수항을 우변으로 이항하고 정리하기 ← 이항할 때는 항의 부호를 반

대 부호로 바꿔 줌

4. 4단계: 좌변 미지수항의 계수로 양변을 나누기

5. 5단계: 부등호 방향 결정하기 ← x항의 계수가 음수일 때는 부등호의 방향을 반대로 바꿔 줌

일차부등식의 해

③ 부등식 $7 - 2(x - 4) \leq -x + 3(1 - x)$를 풀어 보시오.

1. 1단계: **괄호식 정리하기**

2. 2단계: **미지수 x항을 좌변으로 이항**하고 정리하기 ← 이항할 때는 항의 부호를 반대 부호로 바꿔 줌

3. 3단계: **상수항을 우변으로 이항**하고 정리하기 ← 이항할 때는 항의 부호를 반

대 부호로 바꿔 줌

4. 4단계: 좌변 **미지수항의 계수로 양변을 나누기**

5. 5단계: 부등호 방향 결정하기 ← x항의 계수가 음수일 때는 부등호의 방향을 반대

로 바꿔 줌

일차부등식의 해

Level 3
24차시

1 부등식 $1.4x - 1.1 \geq 0.3x - 5.5$를 풀 때 혼동되는 점은 무엇입니까?

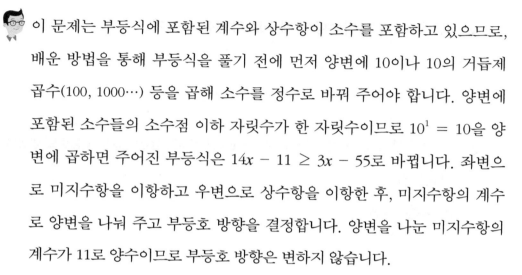

이 문제는 부등식에 포함된 계수와 상수항이 소수를 포함하고 있으므로, 배운 방법을 통해 부등식을 풀기 전에 먼저 양변에 10이나 10의 거듭제곱수(100, 1000…) 등을 곱해 소수를 정수로 바꿔 주어야 합니다. 양변에 포함된 소수들의 소수점 이하 자릿수가 한 자릿수이므로 $10^1 = 10$을 양변에 곱하면 주어진 부등식은 $14x - 11 \geq 3x - 55$로 바뀝니다. 좌변으로 미지수항을 이항하고 우변으로 상수항을 이항한 후, 미지수항의 계수로 양변을 나눠 주고 부등호 방향을 결정합니다. 양변을 나눈 미지수항의 계수가 11로 양수이므로 부등호 방향은 변하지 않습니다.

$\rightarrow 14x - 11 \geq 3x - 55$

$14x - 3x \geq -55 + 11$

$11x \geq -44$

$\therefore x \geq -4$

❷ 일차부등식 $\dfrac{2}{5}x - 3 < \dfrac{x-6}{2}$ 를 풀 때 혼동되는 점은 무엇입니까?

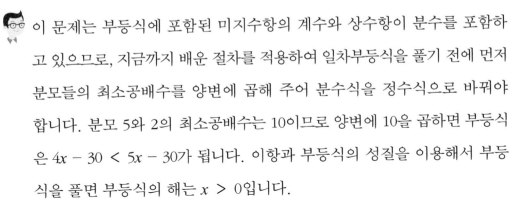 이 문제는 부등식에 포함된 미지수항의 계수와 상수항이 분수를 포함하고 있으므로, 지금까지 배운 절차를 적용하여 일차부등식을 풀기 전에 먼저 분모들의 최소공배수를 양변에 곱해 주어 분수식을 정수식으로 바꿔야 합니다. 분모 5와 2의 최소공배수는 10이므로 양변에 10을 곱하면 부등식은 $4x - 30 < 5x - 30$가 됩니다. 이항과 부등식의 성질을 이용해서 부등식을 풀면 부등식의 해는 $x > 0$입니다.

$\rightarrow 4x - 30 < 5x - 30$

$\quad 4x - 5x < -30 + 30$

$\quad -x < 0$

$\quad \therefore x > 0$

오늘 우리가 함께 공부한 것을 혼자서도 할 수 있는지 체크해 봅시다. 혼자서도 할 수 있으면 👍, 선생님의 도움이 더 필요하다면 ❓에 동그라미로 표시하세요.

배움 체크 리스트	👍	❓
1. 분배법칙을 적용하여 다항식과 단항식의 곱셈식을 전개할 수 있습니다.		
2. 부등식의 양변에 같은 수를 더하거나 빼면 부등호 방향이 변하지 않는다는 것을 이해하고 적용할 수 있습니다.		
3. 부등식의 양변에 같은 양수를 곱하거나 나눠도 부등호 방향이 변하지 않는다는 것을 이해하고 적용할 수 있습니다.		
4. 부등식의 양변에 같은 음수를 곱하거나 나누면 부등호 방향이 반대로 바뀐다는 것을 이해하고 적용할 수 있습니다.		
5. 일차부등식의 풀이는 괄호를 전개한 후 미지수항을 좌변으로, 상수항을 우변으로 이항시켜서 푼다는 것을 이해하고 적용할 수 있습니다.		
6. 좌변의 미지수항의 계수가 1이 아닌 다른 수인 경우, 미지수항의 계수로 양변을 나누어서 부등식의 해를 구한다는 것을 이해하고 적용할 수 있습니다.		
7. x의 계수로 양변을 나눌 때, 계수가 음수이면 부등호의 방향을 반대로 바꾼다는 것을 이해하고 적용할 수 있습니다.		

오늘 배운 것을 기억하면서 문제를 혼자 풀어 보는 시간입니다. [내비게이션 3.24] 를 사용하면 도움이 됩니다.

다음 문제에 답하시오.

1. $a \leq b$일 때, 밑줄 위에 알맞은 부등호를 써넣으시오.

   $a - 3$ _____ $b - 3$

Level 3

24차시

2. $a \leq b$일 때, 밑줄 위에 알맞은 부등호를 써넣으시오.

   $3a - 7$ _____ $3b - 7$

3. 이항과 부등식의 성질을 이용하여 $5x - 9 \leq 2x$를 풀어 보시오.

4. 이항과 부등식의 성질을 이용하여 $-2x - 6 > 2x + 6$를 풀어 보시오.

5. 이항과 부등식의 성질을 이용하여 $x - 3 \geq -4x + 17$를 풀어 보시오.

6. 이항과 부등식의 성질을 이용하여 $-3(3x + 5) > -x + 1$를 풀어 보시오.

7. 이항과 부등식의 성질을 이용하여 $x + 3(2x - 5) \geq 2x$를 풀어 보시오.

연립일차부등식의 풀이

사전평가(1~7) ....

🖊 다음 문제를 풀어 보시오.

1. 부등식 $3x - 4 > x$를 풀고, 그 해를 수직선에 나타내시오.

2. 부등식 $-2x - 8 < 2x + 4$를 풀고, 그 해를 수직선에 나타내시오.

3. 연립부등식 $\begin{cases} 2x + 5 < 9 \\ 3x + 5 > -1 \end{cases}$ 를 풀어 보시오.

4. 연립부등식 $\begin{cases} 3x + 4 > x - 2 \\ -2x + 5 \geq x + 2 \end{cases}$ 를 풀어 보시오.

5. 연립부등식 $\begin{cases} 5x > 4(2x - 3) \\ 2x + 2 \leq 3x + 1 \end{cases}$ 를 풀어 보시오.

6. 연립부등식 $\begin{cases} 4(x - 1) > 2(x - 4) \\ -2x + 5 \leq x - 1 \end{cases}$ 를 풀어 보시오.

7. 연립부등식 $\begin{cases} 3x + 3 > x - 3 \\ -(3x - 1) < -4(x + 1) \end{cases}$ 를 풀어 보시오.

◆ 다음 연립일차부등식의 해를 구하시오.

1 연립부등식 $\begin{bmatrix} 3x - 7 < 8 \\ -3x + 4 \leq x + 8 \end{bmatrix}$ 를 풀어 보시오.

1. 첫 번째 부등식의 해 구하기

$\rightarrow 3x - 7 < 8$

$3x < 8 + 7$ ← 미지수항은 좌변, 상수항은 우변으로 이항

$3x < 15$

$x < 5$ ← 미지수항 계수로 양변 나눔

$\therefore x < 5$ ← 미지수항 계수가 양수이므로 부등호 방향 바꾸지 않음

Level 3

25차시

2. 두 번째 부등식의 해 구하기

$\rightarrow -3x + 4 \leq x + 8$

$-3x - x \leq 8 - 4$ ← 미지수항은 좌변, 상수항은 우변으로 이항

$-4x \leq 4$

$x \leq -1$ ← 미지수항 계수로 양변 나눔

$\therefore x \geq -1$ ← 계수가 음수이므로 부등호 방향 바꿈

3. 두 부등식의 해를 수직선에 나타내기

$$x < 5$$

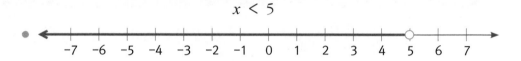

$$x \geq -1$$

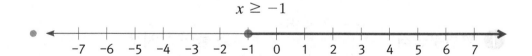

4. 두 부등식을 공통적으로 만족시키는 해 구하기 ← 각 부등식의 해가 수직선에서 겹치는 부분을 연립부등식의 해라고 답함

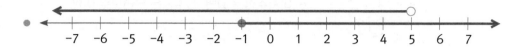

연립부등식의 해 $-1 \leq x < 5$

❷ 연립부등식 $\begin{cases} -2(x+5) \geq 3x \\ 3(3-2x) \geq -(6+x) \end{cases}$ 를 풀어 보시오.

1. 첫 번째 부등식의 해 구하기

→ $-2(x + 5) \geq 3x$

$-2x - 10 \geq 3x$ ← 괄호식 정리

$-2x - 3x \geq 10$ ← 미지수항은 좌변, 상수항은 우변으로 이항

$-5x \geq -10$

$$x \geq -2 \qquad \leftarrow \text{미지수항 계수로 양변 나눔}$$

$$\therefore x \leq -2 \qquad \leftarrow \text{미지수항 계수가 음수이므로 부등호 방향 바꿈}$$

2. 두 번째 부등식의 해 구하기

$$\rightarrow 3(3 - 2x) \geq -(6 + x)$$

$$9 - 6x \geq -6 - x \qquad \leftarrow \text{괄호식 정리}$$

$$-6x + x \geq -6 - 9 \qquad \leftarrow \text{미지수항은 좌변, 상수항은 우변으로 이항}$$

$$-5x \geq -15$$

$$x \geq 3 \qquad \leftarrow \text{미지수항 계수로 양변 나눔}$$

$$\therefore x \leq 3 \qquad \leftarrow \text{미지수항 계수가 음수이므로 부등호 방향 바꿈}$$

3. 두 부등식의 해를 수직선에 나타내기

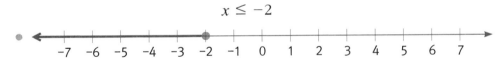
$$x \leq -2$$

$$x \leq 3$$

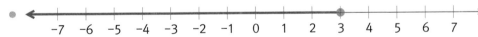

4. 두 부등식을 공통적으로 만족시키는 해 구하기 ← 각 부등식의 해가 수직선에

서 겹치는 부분을 연립부등식의 해라고 답함

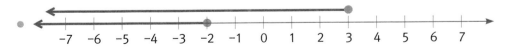

연립부등식의 해 $\quad x \leq -2$

❸ 연립부등식 $\begin{bmatrix} 4x + 4 \geq 3(x + 2) \\ -4(x - 2) \geq 4 - 2x \end{bmatrix}$ 를 풀어 보시오.

1. 첫 번째 부등식의 해 구하기

$\rightarrow 4x + 4 \geq 3(x + 2)$

$4x + 4 \geq 3x + 6$ ← 괄호식 정리

$4x - 3x \geq 6 - 4$ ← 미지수항은 좌변, 상수항은 우변으로 이항

$x \geq 2$

$x \geq 2$ ← 미지수항 계수로 양변 나눔

$\therefore x \geq 2$ ← 미지수항 계수가 양수이므로 부등호 방향 바꾸지 않음

2. 두 번째 부등식의 해 구하기

$\rightarrow -4(x - 2) \geq 4 - 2x$

$-4x + 8 \geq 4 - 2x$ ← 괄호식 정리

$-4x + 2x \geq 4 - 8$ ← 미지수항은 좌변, 상수항은 우변으로 이항

$-2x \geq -4$

$x \geq 2$ ← 미지수항 계수로 양변 나눔

$\therefore x \leq 2$ ← 미지수항 계수가 음수이므로 부등호 방향 바꿈

3. 두 부등식의 해를 수직선에 나타내기

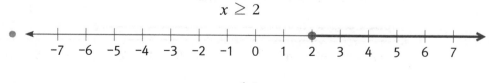

$x \geq 2$

$x \leq 2$

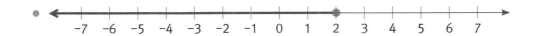

4. 두 부등식을 공통적으로 만족시키는 해 구하기 ← 각 부등식의 해가 수직선에

서 겹치는 부분을 연립부등식의 해라고 답함

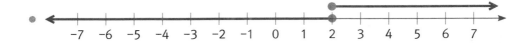

연립부등식의 해 $x = 2$

Level 3
25차시

◆ 다음 연립일차부등식의 해를 구하시오(선생님과 문제를 푸는 동안 문제
풀이를 아래에 적어 보세요).

❶ 연립부등식 $\begin{bmatrix} 6x + 5 > 4x - 5 \\ -x + 5 \geq -5x - 3 \end{bmatrix}$ 를 풀어 보시오.

1. 첫 번째 부등식의 해 구하기

2. 두 번째 부등식의 해 구하기

3. 두 부등식의 해를 수직선에 나타내기

   첫 번째 부등식의 해:

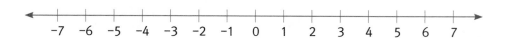

   두 번째 부등식의 해:

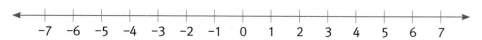

4. 두 부등식을 공통적으로 만족시키는 해 구하기 ← 각 부등식의 해가 수직선에

서 겹치는 부분을 연립부등식의 해라고 답함

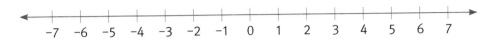

연립부등식의 해

❷ 연립부등식 $\begin{bmatrix} 9 \leq 12 - x \\ 13 - 6x \geq 5(1 - 2x) \end{bmatrix}$ 를 풀어 보시오.

Level 3
25차시

1. 첫 번째 부등식의 해 구하기

2. 두 번째 부등식의 해 구하기

3. 두 부등식의 해를 수직선에 나타내기

첫 번째 부등식의 해:

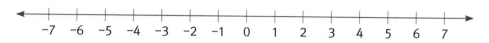

두 번째 부등식의 해:

4. 두 부등식을 공통적으로 만족시키는 해 구하기 ← 각 부등식의 해가 수직선에

서 겹치는 부분을 연립부등식의 해라고 답함

연립부등식의 해

❸ 연립부등식 $\begin{cases} 2(x-1) \leq x+4 \\ 2(x+4) \leq 4(x-1) \end{cases}$ 를 풀어 보시오.

1. 첫 번째 부등식의 해 구하기

2. 두 번째 부등식의 해 구하기

3. 두 부등식의 해를 수직선에 나타내기

첫 번째 부등식의 해:

두 번째 부등식의 해:

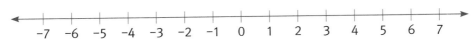

4. 두 부등식을 공통적으로 만족시키는 해 구하기 ← 각 부등식의 해가 수직선에

서 겹치는 부분을 연립부등식의 해라고 답함

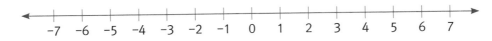

연립부등식의 해

아 그렇구나! (1~3) ·

❶ 연립일차부등식 $-13 < 5x + 2 < 12$를 풀 때 혼동되는 점은 무엇입니까?

주어진 부등식을 풀려면 $-13 < 5x + 2 < 12$가 $-13 < 5x + 2$와 $5x + 2 < 12$의 연립부등식을 한꺼번에 나타낸 것임을 이해해야 합니다. 두 부등식을 각각 풀고, 두 부등식을 동시에 만족시키는 범위를 구하면 주어진 연립일차부등식의 해를 구할 수 있습니다. $-13 < 5x + 2$의 해는 $x > -3$이고, $5x + 2 < 12$의 해는 $x < 2$이므로 두 부등식을 동시에 만족시키는 해는 $-3 < x < 2$입니다.

❷ 연립부등식 $\begin{cases} 2x - 8 > -2x \\ 2x + 2 \leq -2x - 2 \end{cases}$ 를 풀 때 혼동되는 점은 무엇입니까?

주어진 문제는 두 부등식을 동시에 만족시키는 공통해가 없는 경우입니다. 이런 경우 구하는 해가 없다고 대답하면 되는데, 각 부등식의 해를 각각 따로 쓰거나 합집합을 구하는 경우가 있습니다. 첫 부등식 $2x - 8 > -2x$를 풀면 $x > 2$가 해이고, 두 번째 부등식 $2x + 2 \leq -2x - 2$를 풀면 $x \leq -1$이 부등식의 해입니다. 수직선에 두 부등식의 해를 나타냈을 때, 두 부등식의 해가 겹치는 부분이 없으므로 주어진 연립일차부등식은 해가 없습니다.

❸ 연립부등식 $\begin{cases} 3x - 4 < 5 \\ \dfrac{4x+4}{3} \geq \dfrac{x-2}{2} - \dfrac{x}{3} \end{cases}$ 를 풀 때 혼동되는 점은 무엇입니까?

주어진 문제는 연립부등식을 풀기 전에 계수와 상수를 정수로 만드는 절차가 필요합니다. 두 번째 부등식 $\dfrac{4x+4}{3} \geq \dfrac{x-2}{2} - \dfrac{x}{3}$ 는 계수와 상수에 분수를 포함하고 있으므로 양변에 분모(2와 3)의 최소공배수 6을 곱하여 주어진 부등식을 정수식으로 바꿔 줍니다. 양변에 6을 곱하면 $\dfrac{4x+4}{3} \geq \dfrac{x-2}{2} - \dfrac{x}{3}$ 는 $2(4x + 4) \geq 3(x - 2) - 2x$가 됩니다. $2(4x + 4) \geq 3(x - 2) - 2x$를 괄호를 풀어 정리하면 $7x + 8 \geq -6$이 됩니다. $7x + 8 \geq -6$의 해는 $x \geq -2$이고 $3x - 4 < 5$의 해는 $x < 3$이므로, 두 부등식을 동시에 만족시키는 해를 구하면 $-2 \leq x < 3$입니다.

Level 3
25차시

오늘 우리가 함께 공부한 것을 혼자서도 할 수 있는지 체크해 봅시다. 혼자서도 할 수 있으면 👍, 선생님의 도움이 더 필요하다면 ❓에 동그라미로 표시하세요.

배움 체크 리스트	👍	❓
1. 괄호 안에 있는 다항식과 상수항의 곱셈을 분배법칙을 적용하여 전개하고 동류항을 정리할 수 있습니다.		
2. 부등식의 해를 수직선 위에 나타낼 수 있습니다.		
3. 부등식의 항들을 등호 반대편으로 이항할 때는 항의 부호가 반대가 된다는 것을 이해하고 적용할 수 있습니다.		
4. 일반적으로 연립부등식의 해는 x의 범위로 나타내지만, 공통 해가 없는 경우도 있고 어떤 1개의 수가 연립부등식의 해가 될 수 있다는 것을 이해하고 적용할 수 있습니다.		
5. 연립부등식의 해를 구할 때는 먼저 괄호식을 정리한 후 각 부등식의 해를 구한다는 것을 이해하고 적용할 수 있습니다.		
6. 각 부등식의 해를 구할 때, 미지수 x항은 좌변으로 이항하여 정리하고 상수항은 우변으로 이항하여 정리한 후 미지수항의 계수로 양변을 나누며, 미지수항의 계수가 음수일 경우에는 부등호의 방향도 바뀐다는 것을 이해하고 적용할 수 있습니다.		
7. 연립부등식의 해를 구할 때는 각 부등식의 해를 구해 수직선에 나타낸 후 공통인 부분을 찾아 답한다는 것을 이해하고 적용할 수 있습니다.		

오늘 배운 것을 기억하면서 문제를 혼자 풀어 보는 시간입니다. 내비게이션 3.25 를 사용하면 도움이 됩니다.

📝 **다음 문제에 답하시오.**

1. 부등식 $x - 4 > -x$를 풀고, 그 해를 수직선에 나타내시오.

2. 부등식 $-3x - 7 < x + 5$를 풀고, 그 해를 수직선에 나타내시오.

3. 연립부등식 $\begin{cases} 2x + 4 < 8 \\ 3x + 3 > -3 \end{cases}$ 를 풀어 보시오.

4. 연립부등식 $\begin{bmatrix} 4x + 3 > 2x - 3 \\ -4x + 5 \geq -2x + 3 \end{bmatrix}$ 를 풀어 보시오.

5. 연립부등식 $\begin{bmatrix} 5x > 2(4x - 6) \\ 2x + 3 \leq 3x + 2 \end{bmatrix}$ 를 풀어 보시오.

6. 연립부등식 $\begin{bmatrix} 4(x - 2) > 3(x - 3) \\ -5x + 5 \leq -2x - 1 \end{bmatrix}$ 를 풀어 보시오.

7. 연립부등식 $\begin{bmatrix} 5x + 5 > 3x - 1 \\ -(3x - 1) < -4(x + 1) \end{bmatrix}$ 를 풀어 보시오.

기초학력 향상을 위한
눈으로
보는 수학

저자 소개

김선아(Kim, Sun A)
서울대학교 심리학과 학사, 석사
오스틴 텍사스 주립대학(University of Texas at Austin)
    특수교육 박사(수학 학습장애 전공)
Meadow Center for Preventing Educational Risk,
    Post-Doctoral 연구원
현 미국 뉴욕 시립대학교 퀸즈 칼리지 특수교육 대학원 교수
    (City University of New York, Queens College,
    Graduate Programs in Special Education)

학생용　Level 3

기초학력 향상을 위한
눈으로 보는 수학

2022년 5월 25일 1판 1쇄 인쇄
2022년 5월 30일 1판 1쇄 발행

지은이 • 김선아
펴낸이 • 김진환
펴낸곳 • (주) **학지사**
　　　　04031 서울특별시 마포구 양화로 15길 20 마인드월드빌딩
대표전화 • 02)330-5114　　팩스 • 02)324-2345
등록번호 • 제313-2006-000265호

홈페이지 • http://www.hakjisa.co.kr
페이스북 • https://www.facebook.com/hakjisabook

ISBN 978-89-997-2645-3　93370

정가 17,000원

출판미디어기업 학지사

간호보건의학출판 **학지사메디컬** www.hakjisamd.co.kr
심리검사연구소 **인싸이트** www.inpsyt.co.kr
학술논문서비스 **뉴논문** www.newnonmun.com
교육연수원 **카운피아** www.counpia.com

중재 수준에 따른 주요 수학 기술 차시

중재 수준	차시	주요 수학 기술
LEVEL 1.1	1단계 1차시	소수를 분수로 나타내기
	1단계 2차시	분수를 소수로 나타내기
	1단계 3차시	자연수와 분수의 나눗셈 – 수막대 모델
	1단계 4차시	진분수와 진분수의 나눗셈 – 수막대 모델
	1단계 5차시	자연수와 분수의 나눗셈 – 역수 이용
	1단계 6차시	분수와 분수의 나눗셈 – 역수 이용
	1단계 7차시	소수점의 위치가 같은 소수의 나눗셈 – 분수 이용
	1단계 8차시	소수점의 위치가 다른 소수의 나눗셈 – 분수 이용
	1단계 9차시	소수의 나눗셈 – 세로셈 방법
LEVEL 1.2	1단계 10차시	비의 뜻
	1단계 11차시	비율의 뜻
	1단계 12차시	백분율 구하기
	1단계 13차시	분수와 소수를 백분율로 나타내기
	1단계 14차시	전체 – 부분 관계를 이용하여 기준량과 비교하는 양 구하기
	1단계 15차시	등식의 의미와 방정식 만들기
	1단계 16차시	등식의 성질을 이용하여 방정식 풀기
LEVEL 2.1	2단계 1차시	거듭제곱의 뜻
	2단계 2차시	소인수분해의 뜻을 이해하고 구하기
	2단계 3차시	소인수분해 이용하여 최대공약수 구하기
	2단계 4차시	소인수분해 이용하여 최소공배수 구하기
LEVEL 2.2	2단계 5차시	양의 정수와 음의 정수
	2단계 6차시	유리수의 뜻과 유리수의 대소 비교
	2단계 7차시	정수와 유리수의 덧셈
	2단계 8차시	덧셈의 교환법칙과 결합법칙
	2단계 9차시	정수와 유리수의 뺄셈
	2단계 10차시	유리수의 덧셈과 뺄셈의 혼합계산
LEVEL 2.3	2단계 11차시	정수와 유리수의 곱셈
	2단계 12차시	정수와 유리수의 나눗셈
	2단계 13차시	곱셈의 교환법칙과 결합법칙을 이용한 곱셈 계산
	2단계 14차시	덧셈에 대한 곱셈의 분배법칙
	2단계 15차시	유리수의 혼합계산
LEVEL 2.4	2단계 16차시	문자를 사용한 식
	2단계 17차시	문자를 사용한 곱셈식 간단히 나타내기
	2단계 18차시	문자를 사용한 나눗셈식 간단히 나타내기
LEVEL 2.4	2단계 19차시	식의 값
	2단계 20차시	일차식과 수의 곱셈
	2단계 21차시	일차식과 수의 나눗셈
	2단계 22차시	계수가 정수인 일차식의 덧셈과 뺄셈
	2단계 23차시	계수가 유리수인 일차식의 덧셈과 뺄셈
	2단계 24차시	일차방정식과 그 해
	2단계 25차시	등식의 성질을 이용하여 일차방정식의 해 구하기
	2단계 26차시	이항을 이용하여 일차방정식의 해 구하기
LEVEL 3.1	3단계 1차시	유한소수로 나타낼 수 있는 분수 찾기
	3단계 2차시	순환소수의 순환마디 나타내기
	3단계 3차시	순환소수를 분수로 나타내기
	3단계 4차시	지수법칙을 이용한 단항식의 곱셈
	3단계 5차시	지수법칙을 이용한 단항식의 나눗셈
	3단계 6차시	단항식의 곱셈
	3단계 7차시	단항식의 나눗셈
	3단계 8차시	단항식의 혼합셈
LEVEL 3.2	3단계 9차시	문자가 2개인 일차식의 덧셈과 뺄셈
	3단계 10차시	이차식의 덧셈과 뺄셈
	3단계 11차시	단항식과 다항식의 곱셈을 포함하는 식의 덧셈과 뺄셈
	3단계 12차시	다항식과 단항식의 나눗셈을 포함하는 식의 덧셈과 뺄셈
	3단계 13차시	다항식과 다항식의 곱셈
	3단계 14차시	다항식의 거듭제곱 – 곱셈 공식 1
	3단계 15차시	둘째 항의 부호만 반대인 두 다항식의 곱 – 곱셈 공식 2
	3단계 16차시	두 다항식의 곱셈 – 곱셈 공식 3
	3단계 17차시	두 다항식의 곱셈 – 곱셈 공식 4
LEVEL 3.3	3단계 18차시	주어진 식의 문자에 다른 식 대입하기
	3단계 19차시	등식의 변형 – 등식을 한 문자에 대해 풀기
	3단계 20차시	미지수가 2개인 일차방정식의 해 구하기
	3단계 21차시	연립방정식의 해 구하기 1 – 대입법
	3단계 22차시	연립방정식의 해 구하기 2 – 가감법
	3단계 23차시	주어진 수 대입하여 부등식의 해 구하기
	3단계 24차시	일차부등식의 풀이
	3단계 25차시	연립일차부등식의 풀이

『기초학력 향상을 위한 눈으로 보는 수학』의 특징

1 일반 수학 연구와 중재 수학 연구를 통해 그 효과가 입증된 증거 기반 교수법(evidence-based instructional methods)을 적용하여 각 차시 기술을 교수합니다.

- 각 차시는 명시적 교수법의 순서(the sequence of explicit instruction)를 따라 구성되어 있습니다.

- 각 차시는 해당 차시 기술을 배울 때 흔하게 나타나는 오류들을 강조하며 적극적으로 교수합니다. 차시 교수를 실시하기 전에 교수자들이 흔한 오류를 인지할 수 있도록 흔한 오류의 예를 제시하고, 차시 교수를 마친 후에는 차시 기술과 관련하여 학생들이 혼동하거나 흔하게 오류를 보이는 문제들을 〈아 그렇구나!〉에서 함께 풉니다.

- 차시마다 학생들이 자신의 학습 정도를 스스로 체크할 수 있는 〈배움 체크하기〉가 있습니다.

- 차시마다 해당 차시 개념과 기술을 명확하게 단계적으로 보여 주는 수학 문제 해결 〈내비게이션(Navigation)〉이 제시됩니다.

2 평가 결과를 근거로 중재 교수 결정(data-based instructional decision-making)을 할 수 있는 시스템을 제공합니다.

- 사전 배치 검사 결과에 맞춰 차별적인 중재 시작 단계를 제시합니다.

- 각 차시의 사전·사후 검사를 통해 교사에게 학생의 학습 수준과 오류 성향을 분석할 수 있는 기회를 제공하며, 오답 분석과 중재 결정표를 통해 다음 중재 교수를 결정[브리지(Bridge) 차시 교수, 동 차시 반복, 다음 차시 교수]할 수 있도록 합니다.

- 해당 차시 기술을 학습하는 데 필요한 기초 기술이 부족할 경우, Bridge 차시에서 기초 기술을 학습할 수 있도록 연결해 줍니다.

3 수학 전문 교사가 아니라도 교수 지침서를 참고하여 교수할 수 있도록 개발되었습니다.

『기초학력 향상을 위한 눈으로 보는 수학』은 배치검사를 통해 학생별 중재 LEVEL을 결정한 후, 중·고등학교 수학의 기초 영역인 수와 연산과 문자와 식 영역의 기본 기술을 3단계로 교수하고 학습할 수 있도록 **교사용 지침서**와 **학생용 워크북**으로 구성되어 있습니다.

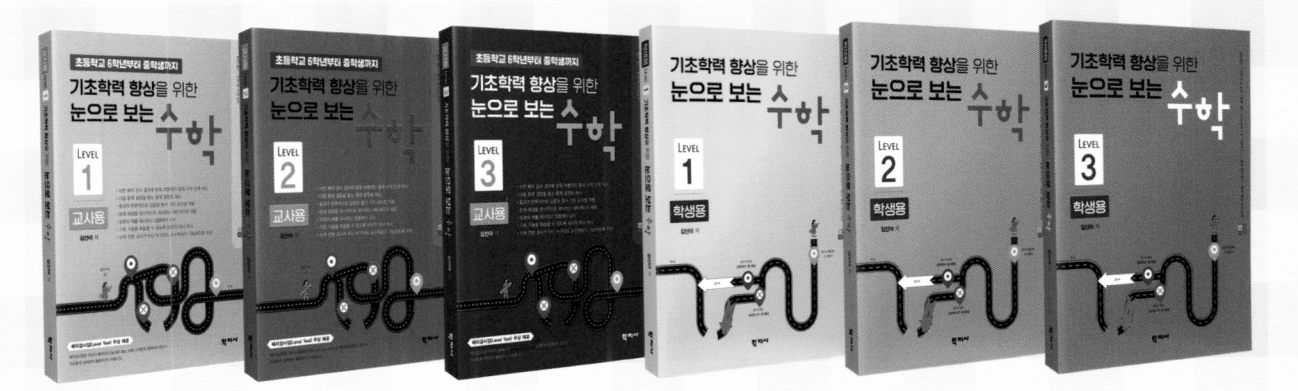

김선아 저 | 사륙배판 | 배치검사집 포함 전 7권

- **배치검사집:** 학지사 홈페이지를 통해 무상 제공
- **교사용 지침서 Level 1:** 336쪽 / 17,000원
- **교사용 지침서 Level 2:** 520쪽 / 19,000원
- **교사용 지침서 Level 3:** 552쪽 / 19,000원

- **학생용 워크북 Level 1:** 240쪽 / 15,000원
- **학생용 워크북 Level 2:** 384쪽 / 17,000원
- **학생용 워크북 Level 3:** 376쪽 / 17,000원

사전 배치 검사
(교재 선정 시 필수 단계)

본격적인 학습을 시작하기 전에 꼭!

배치검사집(Level Test)을 활용하여 학생의 학습 수준을 파악한 후 학습을 실시하시기 바랍니다.
배치검사집은 학지사 홈페이지 **[눈으로 보는 수학]** 소개란에 탑재되어 있으니 자유롭게 내려받아 활용하시기 바랍니다.

https://www.hakjisa.co.kr ➡ 눈으로 보는 수학 ➡ PPT / 도서 자료

중재 수준	교사용	학생용	차시
중재 LEVEL 1	LEVEL 1 (1.1.차시 – 1.16.차시)	Level 1.1	1.1.~1.9.차시
		Level 1.2	1.10.~1.16.차시
중재 LEVEL 2	LEVEL 2 (2.1.차시 – 2.26.차시)	Level 2.1	2.1.~2.4.차시
		Level 2.2	2.5.~2.10.차시
		Level 2.3	2.11.~2.15.차시
		Level 2.4	2.16.~2.26.차시
중재 LEVEL 3	LEVEL 3 (3.1.차시 – 3.25.차시)	Level 3.1	3.1.~3.8.차시
		Level 3.2	3.9.~3.17.차시
		Level 3.3	3.18.~3.25.차시